中国式现代化的县域实践丛书

中国式现代化的望江探索

中国乡村振兴发展中心　指导

雷明　王钰晴　著

中国文联出版社

图书在版编目（CIP）数据

中国式现代化的望江探索 / 雷明，王钰晴著．
北京：中国文联出版社，2024．7．-- ISBN 978-7-5190-5550-9

Ⅰ．D675.44

中国国家版本馆CIP数据核字第202461G30D号

著　　者　雷　明　王钰晴
责任编辑　胡　笋
责任校对　秀点校对

出版发行　中国文联出版社有限公司
社　　址　北京市朝阳区农展馆南里10号　　邮编　100125
电　　话　010-85923025（发行部）　010-85923076（编辑部）
经　　销　全国新华书店等
印　　刷　天津和萱印刷有限公司

开　　本　710毫米×1000毫米　1/16
印　　张　17.125
字　　数　190千字
版　　次　2024年7月第1版第1次印刷
定　　价　46.00元

编委会

目　录

第一章
望江县发展历程

望江县，隶属于安徽省安庆市，总面积为1347.98平方千米。截至2022年，望江县户籍总人口数为63.75万人。2011年，望江县被列入国家连片特困地区大别山片区县和贫困革命老区县；2017年，被列入安徽省9个深度贫困县之一；2020年实现脱贫。自2013年实施精准扶贫以来，望江县县委、县政府将脱贫攻坚视作最大的民生工程和首要的政治任务，举全县之力攻坚克难，高质量实现13.33万贫困人口脱贫，60个贫困村出列，整县摘帽。2018—2020年，望江县连续三年在全省脱贫攻坚成效考核中获得“好”等次，2019年，在全省70个县市区脱贫攻坚考核中位列第6名。在脱贫攻坚过程中，望江县走出了具有望江特色的精准扶贫、精准脱贫路子，夺取了脱贫攻坚的全面胜利。深入分析望江县打赢脱贫攻坚战的主要做法、重大意义，总结其脱贫攻坚的历史经验，对促进乡村振兴、推动经济社会发展具有重要的借鉴意义。

第一节　县情概况

一、地理环境

（一）地理位置

望江县，位于安徽省西南部，长江下游北岸。其地理位置位于北纬 30° 63′—30° 26′、东经 116° 26′—116° 55′。望江县东南与安徽省池州市东至县、江西省九江市彭泽县隔江相望，西南邻宿松、泊湖，西北方枕大、小茗山与太湖接壤，北依皖水与安庆市怀宁县交界，东西长约 54 千米，南北宽约 43 千米，总面积约为 1347.98 平方千米①。望江县连接东西、贯通南北，区位条件十分优越。望江县位于武汉、南京、杭州、合肥、南昌五大省会城市的中心位置，是长三角和珠三角地区经济对接的交汇地带。

（二）地形地貌

望江县一面负山，三面临水，享有“水乡泽国”的美誉。其地势西北高、东南低，大致呈现丘陵—岗地—平原阶梯状分布。望江县西北部以丘陵地形为主，最高处是香茗山，主峰海拔 489 米，中部以低岗地为主，武昌湖把岗地分成两个部分。东南部是沿长江分布的冲积平原，地形平坦，土地肥沃。

（三）气候特征

望江县属于亚热带季风气候，四季分明，气候温和，降雨充

---

① 望江县人民政府网。

沛，平均年降水量为 1300 毫米，地表径流量近 6 亿立方米[①]。望江县日照时间长，光照充足，是全省热量资源最丰富的县份之一，无霜期较长，适宜作物生长。望江县以东北风为主，春末、盛夏盛行偏南风。

（四）水文条件

望江县水域资源十分丰富，境内湖泊主要有四个，分别是武昌湖、泊湖、岚杆湖、焦赛湖。武昌湖位于县境中部地区，焦赛湖、栏杆湖分列武昌湖两侧，泊湖镶嵌在县境东南方。县境河流在 20 世纪 50 年代整治过后，分为南北两大水系，南为华阳河水系，北为皖河水系。

二、自然资源

（一）土地资源

望江县土地总面积为 1357.37 平方千米（203.61 万亩），耕地面积为 53.58 万亩，其中水田占比 13.47%，旱地占比 12.90%，森林面积为 15.56 万亩，水域面积为 41.66 万亩。

（二）植物资源

望江县植物资源十分丰富，乾隆年间仅“竹类”就有 8 种。其中“慈竹”较为珍稀，它“四时笋，冬生于外，夏生于内，有子母相顾之意。述异记名子母竹”。沿江沿湖地区的高滩和沙洲芦苇丛生；丘岗地区的松林或枫香、麻栎等混交林，一片几十亩，或几百

① 安庆市党史方志数字资源平台。

亩。茗山凤栖冲的黑凹，二茗南麓的郝家老林，武昌乡的龟山，新坝乡的廖家老林，团山乡的祈雨山，麦元乡的金鸡岭等，曾经都是古木参天，绿荫如盖。中华人民共和国成立后，境内丘岗地区以松、杉为主，杉树在丘岗地区已显示发展优势，沿江洲圩区以枫杨、柳树、刺槐为主。1985 年，中草药普查，县境药类植物有 458 种。

（三）动物资源

望江县动物资源丰富，清乾隆三十三年（1768）《望江县志》载名的野生动物有：禽类 31 种，兽类 12 种，鱼类 39 种，介类 9 种，虫类 27 种。迄今 200 余年，曾有鹖、鹈、鹿、虎、猴等动物活跃在境内。麂、獐仅少数见于江洲芦苇丛中。豹子，1963 年冬在鸦滩镇曾出现 1 只。香茗山、南山原多狼窝，现已不多见。马头河太平桥段的麦鱼，体形色泽像麦粒，曾作为珍品进贡朝廷，如今产量极少。蛇、黄鼬、蛙、蟾蜍、灰喜鹊等越来越少。猫头鹰、鹰、鹞、啄木鸟等已濒临绝种。

三、文化底蕴

望江县有着悠久的文化传统，早在新石器时代，先民已开始在这块土地上书写人类文明。宋以前的《望江图经》，元朝王幼学的《通鉴纲目集览》，清朝龙燮的《江花梦》、檀萃的《滇海虞衡志》、倪模的《古今钱略》、檀玑的《菉竹斋诗集》等都曾享有盛名，谱写了望江辉煌的文化史。民国时期，新文化开始在这里萌发，《燃犀报》《雷池月刊》等报刊相继发行，民间文化活动十分活跃，京戏、黄梅戏等班社群起。中华人民共和国成立以后，文化事业更是百花齐放，剧团、电影院遍布城乡，广播、电视走进千家万户，传统的挑花技艺走进了人民大会堂，走向了海外。挑花技艺发祥于望江县，经由世代传承，得以保存至今，其独特之处在于“正反成趣”，正反图案完全一致。2006 年，安徽省政府将望江挑花列入第一批省级非物质文化遗产名录。2008 年，国务院将望江挑花列入国家级非物质文化遗产名录。此外，“二十四孝”故事中的“三孝”，即“王祥卧冰”“孟宗哭竹”“仲源泣墓”的典故均发生在这里，望江由此被称为“三孝之乡”。“不敢越雷池一步”的历史典故更是为望江县的历史文化增添了厚重的一笔。

第二节　历史沿革

望江县，隶属于安徽省安庆市，位于安徽省西南部，长江下游北岸。长江故道流经望江县东南方，登临钵盂山，江流之胜尽收眼底，望江由此得名。在 5000 多年前的新石器时代，望江县已有人类活动的迹象。望江县在夏、商时期，属扬州地域，西周时属舒国，春秋时曾前后属吴、越，秦时属九江郡，西汉时属淮南国，东汉、三国、西晋时均属庐江郡。东晋时期置大雷戍，义熙元年（405）始设新冶县，属豫州晋熙郡。南朝时升新冶县为大雷郡，属江州。隋开皇十一年（591）改大雷郡为义乡县，属熙州。唐时先改望江县为高州，属舒州同安郡，后改高州为智州，属淮南道同安郡，至德二年（757）废智州复望江县，属淮南道盛唐郡严州。北宋时望江曾先后属淮南路舒州、淮西路德庆军。南宋时望江曾先后属淮西路安庆军、淮西路安庆府。元至元十四年（1277），望江属蕲黄宣慰司安庆路，后废司置省，望江属河南江北行省安庆路。明代时期，望江先后属南京宁江府、南京安庆府。清顺治二年（1645）至康熙六年（1667），望江属江南省安庆府，康熙六年之后，江南省析为安徽省和江苏省，望江属安徽省安庆府。民国元年（1912）裁府，望江直属安徽省。民国三年（1914），属安徽省安庆道。民国十七年（1928）废道，属安徽省。民国二十一年（1932）属安徽省第一行政督察区。民国三十四年（1945）属安徽省安庆专员公署。1949 年 3 月 28 日望江解放，属皖北行政公署安庆专署。1952 年皖南、皖北行署并为省，望江属安徽省安庆专署。1968 年改安庆专署为安庆地区革命委员会。1977 年改称安庆行政公署。1988 年地市合并，望江县均属安庆市人民政府管辖。①

2022 年 5 月，望江县部分行政区划调整，调整望江县华阳镇、太慈镇部分管辖范围。设立雷阳街道、吉水街道、回龙街道，雷池乡改镇。 截至目前，望江县下辖 3 个街道，9 个镇，1 个乡，分别为：雷阳街道、吉水街道、回龙街道、华阳镇、杨湾镇、漳湖镇、赛口镇、高士镇、鸦滩镇、长岭镇、太慈镇、雷池镇、凉泉乡，共计 118 个行政村和 17 个社区。2022 年，望江县国民经济和社会发展统计公报的数据表明，截至 2022 年年末，望江县总户数为 17.48 万户，户籍总人口数为 63.75 万人。②

---

① 望江县人民政府网。

② 望江县统计局 . 2022 年望江县国民经济和社会发展统计公报［R］.2022.

第三节　脱贫奔小康

一、脱贫攻坚的主要做法

（一）党建引领：促进脱贫攻坚稳步推进

通常来讲，贫困地区的基层党组织往往涣散乏力，领导、组织和动员群众的能力较弱。脱贫攻坚需要具备强大的组织动员能力，其中党建发挥了关键性功能。[①] 习近平总书记指出："要把扶贫开发同基层组织建设有机结合起来，真正把基层党组织建设成带领群众脱贫致富的坚强战斗堡垒。"以党建促脱贫是我国打赢脱贫攻坚战的特色做法和创新经验。反观望江县，党建引领无疑为开展脱贫攻坚提供了坚强的组织保障。一是优选两委班子。安徽省望江县选优配强村党组织书记和村两委班子，持续整顿软弱涣散村级党组织，建立健全提拔激励机制。建立定期选拔优秀村（社区）党组织书记挂任乡镇党委委员制度、基层干部定期健康体检制度和发展村级集体经济激励机制，不断优化村两委班子结构，提高村干部的综合素质水平。二是充分发挥党员干部的先锋模范作用。打造党员服务脱贫攻坚"一公里"服务圈，实现贫困户在"一公里"范围内贫有人扶、困有人帮、难有人救、问有人答、事有人解。对农村党员干部实行网格化管理，共建立网格党支部 417 个，圈内 12000 名党员按照"1+1"和"1+N"的方式帮扶 14000 户贫困户。组织全县三分

① 豆书龙，叶敬忠．乡村振兴与脱贫攻坚的有机衔接及其机制构建［J］．改革，2019（1）：19–29.

之二以上干部职工，投入三分之二以上时间精力，集中优势力量，尽全力保障脱贫摘帽。三是通过提拔扶贫一线干部，建立村干报酬逐年增长和与村级集体经济增长挂钩机制，激发人们参与脱贫攻坚的动力热情。

（二）精准扶贫：推动脱贫工作精准发力

精准扶贫是对我国前期扶贫工作的一种方法创新，它是粗放扶贫的对称。① 通过实施精准扶贫工作机制，有利于精确扶持贫困对象、促进扶贫资源的优化配置。首先，精准识别贫困对象。精准识别贫困人口是开展精准帮扶的必要前提。通过建构科学的贫困认定标准和程序，分析致贫原因和脱贫需求。实施建档立卡“回头看”，加强对扶贫对象的动态管理。明确脱贫的标准和程序，对已脱贫人口持续监测，杜绝返贫。其次，因地制宜、量身定做产业发展规划。在精准扶贫的国家战略下，产业扶贫被赋予了新的内涵，承担起贫困户的“造血”功能，成为精准扶贫的核心。② 在发展产业的过程中，只有精准施策，结合各地区实际情况，脱贫工作才能有的放矢。2017 年年初，望江县聘请安徽农业大学专家团队在深入考察 60 个贫困村的村情禀赋的基础上，为每村量身打造产业扶贫规划，规划 2—4 个特色产业，积极打造产业扶贫的“一村一品”和“一户一业”。 专家团队先后 13 批次深入望江开展实地调研，对当地

① 王国勇，邢溦 . 我国精准扶贫工作机制问题探析［J］. 农村经济，2015（9）：46–50.

② 刘建生，陈鑫，曹佳慧 . 产业精准扶贫作用机制研究［J］. 中国人口 · 资源与环境，2017，27（6）：127–135.

资源禀赋、产业基础、发展潜力等进行系统评估，反复征求村“两委”和村民的意见、意愿，为望江县 60 个贫困村量身打造特色产业规划。例如，太慈镇茶岭村群山环绕，土质肥沃、气候宜人，适宜种植茶叶。为发挥优势培育特色产业，茶岭村扎实推进生态茶园建设，打造特色茶产业品牌。如今，木本油料、稻田综合利用、特色生猪、大棚蔬菜、番鸭养殖、莲藕种植、瓜蒌子种植、草菇生产、特色水产、生态旅游等特色产业发展态势良好，有力地增强了贫困村庄的造血功能，成为村民增收的重要动能。

（三）多方协作：聚众力共筑大扶贫格局

守望相助、同舟共济是中华民族的传统美德。脱贫攻坚是一项社会各方参与的系统工程，仅仅依靠政府的力量是不够的。有效凝聚各方力量，建构政府、市场、社会多方参与的大扶贫格局，有利于充分发挥各主体的优势，提高扶贫的灵活性，扩大扶贫资源的投入，确保脱贫攻坚目标的顺利实现。首先，企业扶贫彰显社会责任。在安徽省望江县，私营企业积极承担社会责任，形成了联河股份模式、联友农业模式、丰尚草菇模式、温氏肉鸭模式和现代养殖模式，为促进贫困地区稳定增收、增强内生造血功能发挥了不可替代的作用。其次，县域结对帮扶，携手共奔小康之路。在脱贫攻坚的过程中，芜湖市镜湖区与安庆市迎江区结对帮扶望江县。帮扶期间，双方深入交流，就合作内容、人员交流、重大项目、重要活动等开展座谈及专题调研共计 120 余次，累计互访 1200 余人次。两地先后互派 34 名优秀干部和 25 名专业技术人员到望江县挂职交流，形成了“人员互动、信息互通、工作互促”的良好局面。最后，帮扶县区及时落实帮扶资金，大力支持重点项目建设，协调重点企业入驻，紧密开展劳务协作，推深推进支医支教工作，鼓励各类单位开展产销对接，积极助力望江县打赢脱贫攻坚战役。

（四）科学规范：创新扶贫资产管理机制

望江县创新扶贫资产管理方法，建立产权明晰、权责明确、经营规范、效益明显、管理到位的扶贫资产管理运行机制，充分发挥资金效益，得到国务院扶贫办和省扶贫办的充分肯定，主要内容如下。第一，突出规划引领。以扶贫产业规划为引领，严格控制项目的“进口”“审批”“绩效”，充分发挥扶贫资金投入形成资产的效益。完善相关规章制度，出台《财政扶贫项目管理和资金管理实施细则》和《扶贫项目管理一规程五办法》，明确扶贫资产的管理、指导、监督和负责机制，加快推进项目的实施和资金的拨付。第二，建立规范台账。建立县乡村扶贫项目库、扶贫项目管理、扶贫资产管理和扶贫资产收益分配管理、扶贫资产处置五本台账，及时掌握项目进展、资产入账和收益分配情况。第三，实行资产统一管理。制定出台《扶贫资产管理办法》和《操作实施细则》，指导全县扶贫资产管理工作。制订村集体经济收益分配方案，指导村集体经济收益的分配、用途等。第四，抓好多重监管。建立完善的三重监管机制：县直主管部门监管、审计部门专项审计、纪委监委监管，通过定期核查，加强对扶贫资金风险的防控。严厉惩处在扶贫资产管理中履职不力、指导监管不到位等行为。科学规范扶贫资产管理流程，加强对扶贫资产的监督有助于提高扶贫资产安全性，实现扶贫资产保值增值，助力脱贫攻坚。

（五）多措并举：帮扶贫困人口稳定就业

就业是最大的民生，是贫困人口摆脱贫困最直接、最有效的办法。为贫困人口提供稳定的就业机会，既有利于贫困人口增加收入，摆脱贫困，也有利于其实现自我价值与社会价值的统一。望江县秉持“就业一人，脱贫一户”的工作思路，通过产业吸纳就业、扶持自主创业、开发公益性岗位等多种方式为贫困户提供就业机会。首先，通过主导产业重点企业吸纳就业，带动贫困劳动者就近就业。望江县立足县情实际，充分发挥纺织服装加工等劳动密集型产业的优势，广泛吸纳贫困户就业。例如，申洲针织有限公司先后吸纳 3200 多名贫困户就业；意达童装城通过“互联网 +”创业模式，助力 461 位“新生代农民工”创办电商企业，年销售额达 10 亿元，带动贫困户就业 1800 人。其次，通过建设就业扶贫车间，支持贫困劳动者居家就业。由于年龄、家庭等方面原因，部分贫困户无法外出就业，扶贫车间为贫困人口提供了居家就业的机会，有效地解决了这一难题。例如，鸦滩镇建成的 6 个扶贫车间中，1 个从事灯笼、中国结制作加工，其余 5 个从事服装加工，6 个扶贫车间直接带动 230 余名劳动力就近就业，通过到户发放订单的模式辐射带动近 700 余名劳动力居家就业。最后，望江县还积极实施就业技能培训、开发公益性岗位等，多措并举，扩大贫困实现稳定就业的机会。到目前为止，望江县共安置贫困劳动力辅助性岗位人员 2954 人，开展就业培训 3892 人，开展就业脱贫专场招聘会 67 场。

二、脱贫攻坚的巨大成就

（一）脱贫攻坚目标任务全面完成

自脱贫攻坚实施以来，在8年的时间里，望江县累计减贫3.68万户13.33万人，60个贫困村全部脱贫摘帽，区域性贫困整体解决。2018年至2020年，全省脱贫攻坚成效考核和县域结对帮扶考核均被评价为“好”等次。经省政府批准，2020年4月望江县正式退出贫困县序列。

（二）县域经济实力得到大幅提升

自脱贫攻坚实施以来，望江县三产产值不断增加，县域GDP实现了大幅增长且增速较快。较2015年，2020年地区生产总值达到194.6亿元，增幅为200%；规上工业总产值达222亿元，增幅为114%；固定资产投资达104.6亿元，增幅为104%；财政一般预算收入为11.88亿元，增幅为160%；城乡居民可支配收入增幅均为160%；累计投入16.2亿元发展农业特色扶贫产业；有扶贫任务的村村均集体经济达43.32万元，贫困村达65.5万元，村级集体经济收入取得历史性突破。

（三）农村生产生活条件全面改善

在脱贫攻坚实施过程中，农村的生活条件、生产条件全方位改善。在农村教育方面，义务教育薄弱学校办学条件明显提高，贫困家庭义务教育阶段学生无一人辍学。在医疗条件方面，新、改建村卫生室120个，所有村级卫生室都实现了标准化、规范化建设。在道路交通方面，农村公路总里程为2805公里，实现“村村通、组组通”，绝大多数村庄实现“户户通”。在农田水利基础设施方面，完成农田水利基础设施改造提升和水利扶贫项目投资 10.55 亿元，农村水利灾害防御能力和服务保障水平显著提高。在电力设施方面，实现农村电力、电信全覆盖，改建农村电网线路 1355 公里，户均配电容量达 2.88 千伏安；建设光纤到户 20.9 万户，实现了光纤到村全覆盖，无线网络覆盖率达 99.6%。在卫生环境方面，共建成美丽乡村中心村 121 个，人居环境显著改善。

（四）贫困群众发展能力显著增强

贫困户稳定就业机会增多，贫困家庭收入中工资性收入和经营性收入占比显著提升，人均纯收入由 2014 年的 2691.37 元提高到 2020 年年底的 14510.41 元，“两不愁三保障”质量水平明显改善。

（五）基层组织建设不断加强

望江县 9000 多名党员干部、221 家单位结对帮扶 128 个村及所有贫困户，凝聚起决战脱贫攻坚的磅礴伟力。128 个有扶贫开发任务的村，村均集体经济收入达 45.02 万元，贫困村收入达 69.06 万元。通过不断整顿软弱涣散党组织，促进 1096 个基层党组织规范化建设全面达标，持续加强干部教育培训，选优配强村级带头人，推行农村党员网格化管理，打造脱贫攻坚“一公里”服务圈等，基层党组织凝聚力、战斗力明显增强，为脱贫攻坚提供了组织保障。

（六）探索积累脱贫攻坚创新经验

望江县立足县情实际，积极创新脱贫攻坚的方式方法，创造出一批在全国全省有一定影响的特色做法和典型，如扶贫项目资产管理做法获得国务院扶贫办推介，“抓党建促脱贫”的做法在省级层面得到推广宣传。望江县脱贫攻坚的创新经验曾先后被《人民日报》、《中国扶贫》(今《中国乡村振兴》)、《安徽日报》等媒体报道，为其他地区的脱贫攻坚实践提供了经验借鉴。

三、脱贫攻坚的经验启示

(一)坚持党的领导

党的领导是打赢脱贫攻坚战的根本保证。中国共产党坚持一切为了人民，把实现好、维护好、发展好最广大人民根本利益作为一切工作的出发点和落脚点。只有打赢脱贫攻坚战，不断实现好、维护好、发展好最广大人民根本利益，才能不断增强人民的幸福感、获得感、安全感。在中国共产党的坚强领导下，强大的组织执行力、社会动员力和统筹协调力，为打赢脱贫攻坚战提供了力量支撑。[①] 多年来，望江县始终将习近平总书记关于扶贫工作重要论述作为打赢脱贫攻坚战的根本遵循，以高度的政治自觉、思想自觉和行动自觉投入脱贫攻坚实践中去。望江县坚持三级书记抓扶贫，落实“一把手”责任制，层层签署脱贫攻坚责任书，党政主要负责同志一线指挥，分管领导一线落实。成立脱贫摘帽工作专班，分项制订工作方案，建立县级领导负责、牵头单位统筹、各部门协同推进的责任体系。

(二)坚持以人民为中心

习近平总书记在全国脱贫攻坚总结表彰大会上指出:“我们始

---

① 孙存良.党的领导是打赢脱贫攻坚战的根本保证[N].经济日报,2020-12-28(11).

终坚定人民立场，强调消除贫困、改善民生、实现共同富裕是社会主义的本质要求，是我们党坚持全心全意为人民服务根本宗旨的重要体现，是党和政府的重大责任。”在脱贫攻坚实践中，望江县坚持以人民为中心的发展思想，着重关心贫困群众基本民生需求，不遗余力地解决好贫困群众最关心最直接最现实的吃穿、义务教育、基本医疗、住房安全、饮水安全等问题。突出医疗保障、全面落实“三保障一兜底一补充”综合医保制度。强化教育保障，建立控辍保学四方（县、乡、村、学校）联络机制，通过宣传政策、上门盯防、强化帮扶等举措严防因贫失学辍学。深化住房保障，开展农村危房“清零”行动，通过危房改造、易地扶贫搬迁、租赁、置换等多种方式保障人民群众住房安全。确保饮水安全，投资农村饮水安全项目、普及自来水、委托专业团队对全县贫困户饮水安全进行全覆盖检测，确保农村饮用水水量、水质、用水方便程度、供水保证率四项评价指标全部达标。

（三）坚持群众主体地位

人民群众是历史的创造者，是社会发展的根本力量。贫困人口既是脱贫攻坚的对象，也是脱贫致富的主体。脱贫攻坚要调动广大贫困群众的积极性、主动性、创造性，激发脱贫内生动力。在具体脱贫攻坚实施过程中，必须紧紧依靠群众，充分发动群众，得到群众最广泛的支持和拥护，否则蓝图描绘得再好也只是空中楼阁。首先，扶贫对象思想观念的转变是其摆脱贫困的前提。扶贫的过程中要实现扶志与扶智相结合，通过教育引导等方式，激励贫困人口依靠自身努力摆脱贫困、创造幸福生活。其次，通过就业帮扶、产业帮扶、鼓励自主创业、开展实用的技术培训等措施，切实增强了贫困群众的自我“造血”功能。最后，在脱贫相关的事务方面，村两委尊重人民的意愿，听取人民的心声，鼓励人民群众积极参与到村级事务治理中来。既增强了人民群众的主人翁意识，也充分保障广大人民群众的知情权、参与权、表达权、监督权。

（四）因地制宜、分类施策

脱贫攻坚贵在精准，重在精准，成败之举在于精准。2016 年 1 月，习近平总书记在重庆调研时指出，扶贫开发成败系于精准，要找准“穷根”、明确靶向，量身定做、对症下药，真正扶到点上、扶到根上。首先，望江县坚持实事求是，一切从实际出发，根据各地区资源禀赋，因地制宜发展特色产业。望江县通过聘请安徽农业大学专家团队在深入调研 60 个贫困村的基础上，为每村量身定做产业扶贫规划，挖掘特色资源，做到差异化发展。其次，望江县在帮扶贫困人口身上，做到精准发力。精准识别贫困人口，科学制定贫困识别的标准和程序，做到扶贫对象动态管理、脱贫监测户和边缘户摸底排查行动，建立行业数据共享比对机制，实事求是核查信息，杜绝识别不精准问题。再次，做到精准施策。详细了解贫困人口致贫原因、脱贫需求、发展意愿和政策落实情况，帮助制定“一户一方案、一人一措施”，精准落实帮扶政策。帮助贫困群众找准穷根，找到脱贫路径，确保扶到点上、扶到根上。最后，把牢精准退出。对已脱贫人口持续开展动态监测排查，超前预警、及时帮扶，确保不出现返贫。

（五）充分发挥集中力量办大事的制度优势

在减贫实践中，与国外民间的、小规模的生活救济不同，中国是举全国之力，有计划、有组织、大规模地进行扶贫。[①]脱贫攻坚是一项重大而艰巨的任务，只有凝聚各方力量，利用各方资源，有效协作，才能完成。中国特色社会主义的制度优势使得国家能够集中力量办大事。在党委领导下，通过凝聚共识、汇聚各方面资源和力量、坚持全国一盘棋、集中力量办大事制度优势转化为全社会扶贫合力。[②]为打赢脱贫攻坚战，安徽省望江县各级党组织在党中央的集中统一领导下，克服困难、压实责任，为脱贫攻坚提供坚强的政治保证和组织保证。突出企业带贫、抓好公益扶贫、做好县域结对扶贫，有效动员社会各方力量，共筑大扶贫格局。脱贫攻坚战之所以取得决定性胜利，是因为我们党动员全社会广泛参与，各方凝心聚力、统一意志、统一行动，形成了政府、社会、市场协同推进的大扶贫格局，这也是中国特色社会主义制度优势的胜利。

第四节　跨进新时代

一、望江县步入新的发展起点

党的十八大以来，望江县深入学习习近平总书记扶贫工作重要论述和视察安徽重要讲话精神，全面贯彻落实党中央、国务院和

① 周文.脱贫攻坚伟大奇迹的中国经验［J］.理论导报，2021（4）：32-34.

② 吕普生.制度优势转化为减贫效能——中国解决绝对贫困问题的制度逻辑［J］.政治学研究，2021（3）：54-64+161.

省委、省政府关于脱贫攻坚决策部署，把脱贫攻坚作为最大的政治责任、最大的民生工程、最大的发展机遇，举全县之力决战脱贫攻坚，实现了脱贫攻坚战的全面胜利。站在新的发展起点上，望江县县委、县政府以乡村振兴战略作为新时代“三农”工作总抓手，坚守不发生致贫返贫底线，持续巩固拓展脱贫攻坚成果，确保与乡村振兴有效衔接，全面开启望江社会主义现代化建设新征程，推动经济社会高质量发展。

二、高质量发展面临的机遇与挑战

（一）望江县高质量发展面临的机遇

当前，为推动经济高质量发展，望江县应牢牢把握发展机遇，发扬已有优势，推动经济社会发展迈上新的台阶。首先，长三角高质量一体化发展为其提供了战略机遇。长三角地区是中国经济密度最大的区域之一，具有极大的区域带动和示范作用。习近平总书记强调，“实施长三角一体化发展战略要紧扣一体化和高质量两个关键词，以一体化的思路和举措打破行政壁垒、提高政策协同，让要素在更大范围畅通流动”。长三角高质量一体化发展的战略机遇将促进区域协调发展，为望江县高质量发展注入新动能。其次，望江县区位优势明显。望江县拥有长江黄金水道 65 公里，G35 济广高速，347、246 国道穿境而过，合安九高铁快速通道建成通车，宿望宣城际铁路被纳入省“十四五”规划和 2035 年远景目标，便利的水路、陆路交通条件为经济高质量发展提供了有力支撑。再次，望江县产业基础好。纺织服装产业已成为望江县的特色优势产业，望江县纺织服装产业集聚程度高、产业链齐全、产业分工细化。最后，望江县在充分利用良好的生态资源和丰富的农产品资源的基础上，其生态绿色食品产业、绿色休闲农业和高效特色农业也在不断地发展壮大。全县规上农产品生产加工企业58家，安徽联河股份、武昌湖渔业、安徽中望、望江温氏、望江现代良种公司5家企业入选全省长三角绿色农产品生产加工供应示范基地。特色优势产业不断强化了望江县经济高质量发展新动能。

（二）望江县高质量发展面临的挑战

当前，望江县高质量发展也面临着一些挑战，主要表现为以下几个方面：一是尽管望江县紧邻长江，济广高速全线贯通、安九路全幅通车，但是大中城市对望江县辐射带动作用仍有待加强，高端人才、新兴产业难引进、难留住。二是农业经济二元结构特征明显。传统农业占优势地位，农业产业化程度偏低，现代化农业比例较小；工业产业结构不尽合理，缺乏带动强的支柱产业、龙头企业和拳头产品，规模聚集效应不明显；产品结构大部分停留在开发和粗加工阶段，产业层次不高，市场竞争力不强；现代服务业发展滞后，所占比例不高。三是劳动力素质整体水平较低。科技文化素质不能适应形势发展，高新技术人才、高层次管理人才以及懂经济的领导人才尤其短缺。四是县域经济总量小，财力匮乏，缺乏用于县域经济发展中的基础设施建设和支持实体经济发展的资金，一些政府投资项目和优质招商项目难以落地。

二、新起点下望江县的发展方向

在全国脱贫攻坚总结表彰大会上，习近平总书记深刻指出："脱贫摘帽不是终点，而是新生活、新奋斗的起点。"在全面打赢脱贫攻坚战的基础上，望江县总结脱贫攻坚的历史经验，昂扬奋斗，锐意进取，继续书写新的辉煌。在新的历史起点上，望江县今后发展的方向如下。首先，进一步巩固拓展脱贫成果，做好脱贫与乡村振兴有效衔接机制。脱贫攻坚消除了绝对贫困，确保贫困人口实现"两不愁三保障"。在此基础上，乡村振兴以实现"产业兴旺、生态宜居、乡风文明、治理有效、生活富裕"为目的。乡村振兴是稳定脱贫攻坚成果的有效保障，使已经摆脱绝对贫困的人口不返贫，在此基础上实现城乡融合发展、人民的共同富裕。可以说，脱贫攻坚与乡村振兴是实现中国农业与农村现代化、农民生活富裕必须完成的两大重大战略任务，具有很强的内在联系和承接关系。[①] 通过完善防止返贫致贫动态监测机制、持续推进产业就业促增收、持续推进帮扶工作、推进政策有效衔接、推进项目资金等方式，巩固拓展脱贫成果、促进脱贫攻坚与乡村振兴有效衔接。其次，做大做强优势产业，促进产业转型升级。做大做强纺织服装产业，围绕构建从头到脚、从里到外、从老到少、从夏到春的"四从四到"制造销售体系，以"提升纺织，主攻面料，打通印染，塑造品牌"为抓手，以《望江县支持纺织服装产业发展二十条政策》为牵引，全力打造

---

① 汪三贵，冯紫曦.脱贫攻坚与乡村振兴有机衔接：逻辑关系、内涵与重点内容［J］.南京农业大学学报（社会科学版），2019，19（5）：8-14+154.

千亿纺织服装产业集群、长江中下游纺织服装第一县。再次，抓住战略机遇，加快融入长三角一体化进程。加强区域合作，探索合作新路径，拓展合作空间，推动与长三角地区要素资源的双向流动和资源共享。加强与沪苏浙地区科技企业合作交流，举办纺织服装、新能源汽车暨装备制造、绿色食品加工等望江县主导产业推介会，招引一批围绕望江县主导产业的企业和人才。最后，在落实长江大保护战略、深入推进长江“十年禁渔”、积极稳妥推进碳达峰碳中和、促进长江沿线文物和文化遗产保护利用等方面存在着广泛的合作空间。

第二章
主动融入长三角高质量一体化发展

第一节　积极承接产业转移

一、纺织产业厚积薄发

早在 1990 年，就在国务院宣布浦东开发开放前后，费孝通前往上海多次进行考察，第一次就长三角一体化发展等问题建言献策。彼时，望江县作为全国优质棉基地县、一个以传统农业为主的县份，很难将其与长三角一体化相联系。

在此后漫长的时间里，望江县一直位于纺织产业的上游位置；县内与棉花种植配套的纺纱和织布产业的确有所发展，但望江县长期以来并未真正加入制作成衣的行列。而原材料的廉价，如枷锁制约着棉农的增收，若出现极端天气则亏损尤多于其他作物，这些都导致望江县徘徊在棉花产量多、产业少的窘境。棉农们在增收的道路上屡屡受挫，无论是过度的伏旱还是洪汛都导致棉农在收回成本并获得收入上非常艰难。在 1998 年洪灾和 1999 年虫灾下，相比于以往年份的动辄近 3 万吨棉产，望江县在 1999 年所收皮棉仅有 5500 吨。大幅的减产使得棉农即便在国家发布了相对更高的棉花收购指导价之下，还是选择改种其他作物。

然而，望江县的供销合作社却走出了一条不同的道路，其早期的投资为望江县后来的发展蓄积了力量——县社以工业作为发展之根本，其工业产值占全县的比重达 58%。截至 1998 年，县社拥有 58 家企业、固定资产达 1.5 亿元，并在当年的全国供销社工业经济效益排名第八，产生利税 2473 万元。可以说，县社在这一时期为望江县进行了第一轮的产业升级。单就纺织业而言，县社实际上打造了：加工优质棉花纺成优质棉纱，并织成优质棉布的一条产业链。

县社逐渐摸索，制定了棉花的保护价以及质量标准，并将土地连片以期获得规模效益，同时引入龙头企业带动棉花产业。县社在 20 世纪 90 年代的工业上的增长点主要依托于农业，并以工业带动农业的产业化。同时，县社依托作为优质棉生产和出口基地县和前期投资，望江县所产棉纱与棉布的质量使得一批品牌迅速成长。其中，供销社棉纱厂所打造的“莎莲”牌精梳纯棉纱这一产品更是经久不衰，在 2015 年由公众投票、专家评审所选出的望江“双十佳”品牌产品中再次脱颖而出。

可是，县社仍然没有真正迈出制作成衣这一步，而是仍然以纺纱和织布为主要产业。至 1998 年，县社对于织布厂的投资为 3200 万元，但是对于针织厂的投资仅为 200 余万元，成衣的生产能力约为每年 4 万多打。结果则是，打造出“莎莲”牌棉纱的供销社棉纱厂业在2004年年末破产重组，成为后来的望宁纺织股份公司。由于缺少产业集群，单个企业自身的生命周期则相对较短，本应产生的品牌效应难以延续，如想破局则需要通过不断的产业集群来打造。[①] 在拥有出众的纺纱和织布能力的望江县，未能在入世之前建立起棉花种植—纺纱—织布—印染—成衣的完整产业链，事后来看不免有些可惜。

然而，望江县的纺织业并没有止步于此，距离制作成衣仅有半步之遥的望江县，在县社带领进行产业升级后，迈出了产业升级的又一步。而在建立了前置产业链条的基础之上，申洲针织（安徽）的落户标志着望江县下一步产业升级的开始。

二、纺织产业高速增长

2008年，国务院下发了《国务院关于进一步推进长江三角洲地区改革开放和经济社会发展的指导意见》，首次提出了推动长三角率先发展、一体化发展的总体要求。2010年，国务院批复、国家发改委印发了《长江三角洲地区区域规划》，提出了长三角十年总体目标、发展方向和空间格局。

而在2009年，长三角地区仍然缺少跨地区的行政主体来具体操作，需要国家行政力量的推动、政策的扶持以及考核指标的调整之时，望江县率先一步进行招商引资，积极承接了纺织业的产业转移，进行了县域范围的产业升级。

---

① 江华锋，李玉娥，付秀彬．产业集群视角下的县域农村经济发展——以河北高阳县为例［J］．农业经济，2014（3）：98-99.

也是在2009年，望江县规上纺织企业累计实现工业总产值37979.89万元，同比增长超10%。也正是在2009年年初，申洲（安徽）正式落户望江。

同样在2009年，望江县的地区生产总值为44.57亿元，这一数字在短短四年的时间里几乎翻了一番，达到了87.1亿元。除此之外，县域的进出口总额在四年间由仅有的525万美元迅速增长至11723万美元，其中出口总额为9695万美元。

在此期间，县域的规模以上企业数甚至从88家下降了两家至86家。作为出口创汇的龙头企业，申洲（安徽）对于望江县的县域增长做出了杰出贡献。其中部分规模以上企业虽然存在着整合和重组，但是长期作为望江县最大企业的的申洲（安徽），其对望江县的经济发展功不可没。

坐落在望江经济开发区的申洲（安徽）是申洲集团下的子公司，申洲集团对申洲（安徽）的定位是成衣生产基地。而对于望江县而言，申洲却不只是一家企业而已。作为全球最大的纵向一体化的服装代工企业，申洲集团销售收入在国内超300亿元，而申洲（安徽）则是安徽省服装行业中最大的生产企业，目前雇佣着超过1万名员工。即使是在订单下降的2022年，该企业仍然完成了产量高达9022万件的壮举，实现了产值56.72亿元的辉煌业绩。

县域工业化的发展将带来县域就业结构的非农化和人口城镇化的进程，吸纳那些从外地回流的劳动力和熟练工。① 而作为在前期

---

① 殷江滨，李郇．产业转移背景下县域城镇化发展——基于地方政府行为的视角［J］．经济地理，2012，32（8）：71–77.

拥有相当投资，且以优质棉、棉纱和棉布知名的，培育了无数的纺织工人的望江县，曾有大量的年轻工人大量地涌入上海、福建和湖州等地，从事纺织服装工作：数以十万计的在外纺织工人成为望江县纺织业的名片。也正因如此，申洲集团看重了望江县人民的纺织情结，以及他们吃苦耐劳的精神。

申洲（安徽）等纺织服装企业的先后成立让众多纺织工人得以返乡工作，在收入不减的同时降低了生活成本，得以在家门口实现就业。如今，总人口为 60 多万人的望江县中，有 10 万人从事纺织服装工作，每年生产服装 3 亿件。申洲（安徽）作为其中的龙头企业，为县内及周边区域提供了 11000 多个就业岗位，其中有 85% 的员工都来自望江本地。

纺织业作为典型的劳动密集型产业，最为需要的就是足够多且吃苦耐劳的优秀的纺织工人。这是申洲针织（安徽）在规划和布局中最为关键的一点，也恰好是望江县的资源禀赋优势。

另外，申洲（安徽）的入驻与望江县的招商引资密不可分。自 2004 年起，望江县以经济开发区为招商引资主要区域，根据经济形势适时、适度进行招商引资，以纺织业相关企业为最主要招引对象，并进行适度多元、多样化，对规上企业进行奖励、对新入驻的企业实行优惠和免税政策。开发区于 2006 年便被评为“省级开发区”，且先后相继引入了除申洲以外的舒美特纤维股份有限公司、美亚针纺、亮亮纺织等企业。

总而言之，优秀企业的相继引入以及自身的布局规划，使得申洲选择了在开发区蓬勃发展的这一时期入驻望江县。至 2009 年

2 月投产时，申洲（安徽）的投资达 11 亿元，并迅速吸纳了 4000 多就业人口。在这样的前期投资下，其日生产能力达到了 35 万件。在 2009 年当年，申洲（安徽）完成的全部产值达 6.08 亿元，为全县当年工业总产值的约 10%，由此可见申洲（安徽）的生产能力。

从现在的眼光来看，申洲（安徽）对于全县纺织业带动作用最大的并非该企业的惊人产能，而是其由于承接了母公司的生产技艺，对于推动望江县形成了如今从头到脚、从里到外、从老到少、从夏到春的“四从四到”的全品类、全覆盖的发展格局所起的不可或缺的作用。如今，千余家纺织企业从纺纱织布到印染印花，再到成衣制作和水洗，在纺织业已经打造了一条完整的产业链。也得益于补齐和延伸产业链，望江县如今的纺织业全行业实现总产值 99.8 亿元，行业工业总产值占到全县工业的 61%。而相关的水洗、印花、绣花等工序尽皆配齐后，原先望江县缺乏制作成衣的部分关键技艺的短板[①]得以补齐。

在完成了前期投资后，申洲集团于 2012 年追加了 2000 万美元投资，筹建了大千纺织（安徽）有限公司，该公司与申洲针织（安徽）同为隶属于申洲集团的全资子公司。

进入新常态以后，全国县域经济的制度要素活力已经逐渐释放殆尽，经济发展着重依赖自然资源、土地、劳动力和农业资源等初

① 安徽省望江县：建设长江中下游纺织服装第一县［J］. 纺织服装周刊，2023（35）：11.

级资源之时[1]，纺织业却蓄势待发。根据国家统计局数据，2015 年的纺织业行业固定资产投资增速高于同期全社会固定资产投资增长水平，行业投资信心良好。

申洲集团则趁热打铁，于 2015 年再次追加投资 1.2 亿元进行三期建设，为县域经济注入新活力。新增 2000 名员工后，申洲（安徽）的员工人数在 2017 年已经达到 10000 余人。在完成建设后，当年申洲（安徽）便成了安徽省最大的服装生产出口企业。即便是在疫情和贸易战后，订单有所衰减的情况下，申洲（安徽）在 2020 年的出口额仍然为 4500 万美元，而同年全县的出口额为 6800 万美元。

截至 2018 年，申洲（安徽）在数年内投入了 3 亿元用于技术改造和设备的转型升级。其中，企业新增 1127 台自动化专业设备，并投入信息化运用资金 3300 万元，获"安徽省两化融合示范企业"称号；开发运用模版 1.3 万副，拥有发明专利 17 项，创造直接经济价值 7700 万元。自动化使得企业不再局限于依赖初级资源和要素，而赋予未来增长新动力。

同样在 2018 年，习近平总书记在 11 月的首届中国国际进口博览会上宣布，支持长江三角洲区域一体化发展并上升为国家战略。也得益于申洲（安徽）的发展，望江县的产业转移和转型升级使得其已经具备了融入长三角一体化的能力。然而，由于我国在纺织业中的巨大规模以及国际环境的变化，在 2011 年到 2018 年期间，虽

① 闫坤，鲍曙光．经济新常态下振兴县域经济的新思考［J］．华中师范大学学报（人文社会科学版），2018，57（2）：43–52.

然无论是主营业务收入、利润总额、国际上的订单数，还是固定资产投资仍有所增长，纺织行业也呈现增速放缓的情况。[①]

作为成衣制作工厂的申洲（安徽），感受最明显的便是在 2017 年前后开始的出口订单数量的减少。在望江县的县域范围内，出口总额就由 2016 年的 9331 万美元下降至次年的 3652 万美元，到 2022 年这一数字也仅恢复到 5860 万美元的水平。除了行业自身周期所带来的负面影响，申洲（安徽）的订单萎缩也是由其他多方面综合因素引起的：既有中美贸易摩擦及此后对新疆棉制裁的因素，又有疫情的因素。虽然在 2023 年下半年纺织市场逐渐回温，三季度的行业景气指数回升为 55.9%，较上年同期高出 11.6%，但是在这样的行情下申洲（安徽）通过阶段性的部署，的确也获得了更多订单。

在过去，申洲（安徽）通过不断优化进而提升同一流水线效率、引入新技术和自动化生产以及对员工进行持续且大量的培训来提高员工能力，获得了相当不错的效果。但在未来，从企业自身的角度进行破局则更为不易。

申洲（安徽）为望江县过去的经济发展提供了不可或缺的助力，在未来它也将持续提供助力。在历经了疫情三年的洗礼和国际订单的低潮以后，申洲（安徽）也将浴火重生，在未来焕发无限生机。而望江县纺织业的辉煌也并非只是申洲（安徽）所编织的：凤一其随之下，也涌现了许多其他优秀的纺织公司，并在规划之下有

① 赵明霞 . 精进不辍，行稳致远：纺织行业的经济周期调整［J］. 纺织机械，2021（1）：44–46.

序形成了纺织集群，而被赋予了“新兴纺织业基地县”称号。

三、纺织产业融入大局

随着长三角一体化、“一带一路”、长江经济带的提出，纺织产业区域间的分工和专业化程度将进一步加深；国内消费升级将带动纺织服装产业的转型发展，同时《区域全面经济伙伴关系协定》（RCEP）生效实施将对我国纺织服装贸易产生明显的放大效应；全球产业链重构为纺织服装业向价值链中高端拓展赢得了难得的时间窗口，同时新冠疫情的冲击使得我国的产业发展能更快地进入国际市场。

在此前提之下，望江县以围绕纺织、印染、服装等重点领域，以望江县重点园区为依托，以要素融合为手段，引进整合创新资源，推动纺织服装产业结构调整。同时为迎合消费升级，县域在支持个性化服装定制模式发展，大力开发蕴含本土文化的“国潮”服饰，进一步拓展健康舒适、绿色安全的运动及户外休闲功能性服装产品品种。另外，望江县依托优秀的纺织工业骨干企业和高校科研院所，充分对接区域内在纺织服装产业创新相关机构，积极推动了轧花—纺纱—织布—印染—服装制作等领域的工艺和产品创新成果在望江落地应用。

除此之外，望江县重点建设了中国（望江）纺织服装产业新城、示范创业园、乡镇纺织服装基地等项目，建设检验检测中心、服装设计成果孵化中心等平台，优化纺织服装集聚区产业布局，形成规模优势、配套优势。

在“十四五”时期，以国内大循环为主体、国内国际双循环相互促进的新发展格局将加快形成，经济增长的内需潜力将持续释放。得益于此，全国纺织服装行业将具有更多发展空间，同时纺织产业区域间分工和专业化程度将进一步加深。而望江县已具备纺织服装产业调整升级和承接产业转移的现实基础和有利环境，只要找准发展方向，明确重点任务，抓住关键环节，牢牢把握本轮产业调整的时机，就能在这次国内产业格局调整中获得更大的创新空间。

国内消费升级为纺织服装产业发展提供新市场。随着经济发展和居民收入水平提高，我国正处于消费升级期，服务消费占比趋势攀升、耐用品消费占比水平上台阶、基本生活类消费占比趋势向下，消费升级将成为今后较长时期经济增长的持续动力，更高水平消费需求的释放也蕴含着望江实现经济高质量发展的重大机遇。在此基础上，关注个性化、生态化、功能性、智能化、时尚化、品牌化等多元需求产业将快速发展，望江应该抓住机遇，大力发展定制化新市场。

国际市场代工产业竞争激烈化，国内市场同质化竞争严重，同时在新冠疫情的冲击下，代工产业发展愈加艰难。望江县的纺织服装产业发展在抓牢低端市场这个基本盘的前提下，进军中高端市场，开发产业发展新道路。另外，疫情期间消费者行为的转变使得更多的线下企业加速数字化转型的速度，从而联合互联网技术实现产业升级。

未来，望江县将围绕推进技术发展、加强产业链发展和推动产业集群发展为核心发展方向，积极融入长三角一体化发展。

技术发展的关键在于在全县纺织服装产业规模大幅增加的前提下如何实现效率和效益的倍升，必须全力推进技术改造，使全行业迈上发展的新台阶。（表 2–1）

表 2–1　望江县纺织服装产业技术发展重点

产业技术发展	发展重点
纺纱技术	机电一体化的纺机技术 纺纱的复合技术 产业链节能减排技术 资源循环利用技术
生产技术	生产智能化，数字化
印染技术	淘汰落后装备技术 发展绿色印染技术 建造绿色印染车间 建立质量保障体系
服装制造技术	建设新型自动化生产线 引进纺织智能机械制造企业

加强产业链发展的关键则为以高端纺织装备、纺织新材料为主要方向，提升产业链原始创新能力。此外，还应布局印染产业发展和化纤新材料制造业，推进印染产业园建设，补足产业发展短板。而在保证低端市场的前提下，加快构建中高端服装市场，引领企业从贴牌生产到自主品牌运营。（表 2–2）

表 2-2　望江县纺织服装产业链的发展重点

产业链	发展重点
开发新型产业链结构	完善原料来源渠道 扩大染整行业规模 加强设计创意创新 深化辅料配套产业 开发废料利用体系
推动产业链基础研究	淘汰落后装备，引进高端纺织设备 立足基础材料，开发新型纺织材料 展望产业发展，建设纺织创新中心
深化产业链两端发展	深耕产业链上游的基础纺织行业 着重发展下游的个性化服装产业

推动产业集群发展，关键在打造望江纺织服装产业全生态链，降低成本，提高经济收益，望江的产业应该加快向集群化转变。在生产加工、电子商务、国际贸易、人才培养、物流仓储等多个企业关心的维度发力，符合满足不同规模纺织服装（童装）企业对产业园区的全面要求。

第二节　全面推动创新发展

创新是第一动力，位于“五大发展理念”之首，居于国家发展全局的核心位置。2017 年 12 月 18 日，习近平总书记在中央经济工作会议上深刻指出：“高质量发展，就是能够很好满足人民日益增长的美好生活需要的发展，是体现新发展理念的发展，是创新成为第一动力、协调成为内生特点、绿色成为普遍形态、开放成为必由之路、共享成为根本目的的发展。”[①] 党的二十大报告提出，必须坚持“创新是第一动力”，“坚持创新在我国现代化建设全局中的核心地位”。[②] 把创新放在国家现代化建设全局的核心位置，体现了我们党对人类社会发展规律的深刻认识，体现了对国家民族发展根本的深刻认识，这在我国几千年治国理政思想史上是第一次，在我们党的历史上是第一次，在社会主义发展史上也是第一次。

创新是一个国家、一个民族发展进步的不竭动力，是推动人类社会进步的重要力量。世界科技发展史与经济发展史表明，一个国家如果能够率先成为世界科学中心和创新高地，就能快速实现现代化，跻身于世界强国之林。特别是第二次工业革命以来，技术的发展越来越多地需要从科学研究中获得支持，经济增长的新动力也越来越多地依赖于科学与技术的创新，科学、技术、经济逐渐形成一种正相关的良性循环系统[③]，一些传统强国的衰落与其失去或缺乏创新精神和创新能力密切相关。21 世纪以来，全球科技创新进入空前密集活跃期，新一轮科技革命和产业变革突飞猛进，世界科技发展格局与全球经济结构正在重塑，各主要国家纷纷把科技创新作为国际战略博弈的主战场，特别是世界科技中心的发展正呈现出加速

---

① 习近平 . 我国经济已由高速增长阶段转向高质量发展阶段（2017 年 12 月 18 日）［M］// 论把握新发展阶段、贯彻新发展理念、构建新发展格局 . 北京：中央文献出版社，2021：215–216.

② 习近平 . 高举中国特色社会主义伟大旗帜　为全面建设社会主义现代化国家而团结奋斗——在中国共产党第二十次全国代表大会上的报告（2022 年 10 月 16 日）［EB/OL］.（2022–10–25）［2023–10–17］. 中国政府网 .

③ 董光璧 . 五百年来科学技术发展的回顾与展望［J］. 自然科学史研究，1997（2）：109–118.

向亚洲和太平洋地区转移的趋势[①]，为我国创新发展提供了难得的机遇。在激烈的国际竞争中，唯创新者进，唯创新者强，唯创新者胜。抓创新就是抓发展，谋创新就是谋未来。党的二十大报告对完善科技创新体系、加快实施创新驱动发展战略进行具体部署，体现了我们党对历史发展规律和当今国际竞争形势的深刻把握，展现了我们党赢得优势、赢得主动、赢得未来的信心和决心。

从地理位置来看，望江地处皖西南边陲，地处武汉、南京、杭州、合肥、南昌五大省会城市的中心位置，是安徽省东向发展的桥头堡。望江承东启西、连南接北、通江达海，区位条件比较优越。望江县作为长三角一体化发展、长江经济带发展、中部地区高质量发展三大国家战略叠加的地区，国家级战略规划为望江县的高质量发展提供了强劲动能。从战略性、系统性、全局性的眼光来看，三大战略的叠加是望江县发展的最大机遇、最大势能、最大红利。

2020 年 8 月，习近平总书记在合肥主持召开扎实推进长三角一体化发展座谈会时强调："要深刻认识长三角区域在国家经济社会发展中的地位和作用，结合长三角一体化发展面临的新形势新要求，坚持目标导向、问题导向相统一，紧扣一体化和高质量两个关键词抓好重点工作，真抓实干、埋头苦干，推动长三角一体化发展不断取得成效。"长三角地区以不到 4% 的国土面积，创造着中国近 1/4 的经济总量，超过 1/3 的进出口总额，是中国经济发展最活跃、开

---

① 潘教峰，刘益东，陈光华，等. 世界科技中心转移的钻石模型——基于经济繁荣、思想解放、教育兴盛、政府支持、科技革命的历史分析与前瞻［J］. 中国科学院院刊，2019，34（1）.

放程度最高、创新能力最强的区域之一，在国家现代化建设大局和全方位开放格局中的战略地位举足轻重。

在扎实推进长三角一体化发展座谈会上，习近平总书记专门强调，长三角地区要“加大科技攻关力度。创新主动权、发展主动权必须牢牢掌握在自己手中。三省一市要集合科技力量，聚焦集成电路、生物医药、人工智能等重点领域和关键环节，尽早取得突破。要支持一批中小微科技型企业创新发展”。从国家创新体系来看，长三角地区拥有合肥综合性国家科学中心、上海张江综合性国家科学中心两大国家级科技中心，汇聚了 36 所国家“双一流”建设高校和一大批国家级实验室和大科学装置，具有丰富的科技创新资源。主动融入长三角高质量一体化发展，从长三角一体化的角度助推望江发展，是望江创新驱动高质量发展的最大动力来源。

在打赢脱贫攻坚战后，望江县高质量发展的目标迎来了历史性的跨越。目前，望江县正在按照“1+2+N”发展思路，把乡村振兴放在经济社会发展全局中去统筹、谋划和推进，统筹推进巩固拓展脱贫攻坚成果、乡村发展、乡村建设、乡村治理重点工作，将濒临长江的区位优势转化为竞争优势，打造港口型开发区，在探索建设县域内城乡融合发展先行区上下功夫，积极打造发展县域经济促进乡村振兴新样板。[①] 在新发展理念的引领下，望江县近年来在以高水平创新推进高质量发展方面，可以从以下几个方面进行总结。

---

① 石青川 . 安徽望江：激活县域发展源头　趟出乡村振兴新路［EB/OL］.（2023-10-17）［2023-12-10］.

一、以科技创新催生新动能

2023 年，望江县通过大力实施“专精特新”培育工程，着力打造一批在细分领域具有持续竞争力的中小企业群体。经过一年努力，10 家企业成功入选省级“专精特新”中小企业，创新主体培育工程呈现出良好的发展态势。截至 2023 年，望江县共有省级“专精特新”中小企业 34 家，创新型中小企业 12 家，省级“专精特新”冠军企业 1 家，国家级“专精特新”小巨人企业 2 家。[①]2022 年，全县新增各类市场主体 6654 家、增长 32.8%，创历史之最。[②]近年来，望江积极引导中小企业加大科研投入、加强自主创新，鼓励企业与科研院所开展产学研合作，建设院士、博士工作站，完善《望江县科技创新工作实施意见》等举措，设立科技创新和人才发展专项资金 2500 万元，对中小企业自主研发创新给予支持，对与高校院所开展研发和科研成果转化给予补贴，让科技创新成为经济高质量发展的强劲动能。

二、以产业创新谋求新发展

2023 年 7 月 12 日，中共望江县委十四届八次全体会议召开。会议提出，要坚定工业强县战略，打造发展主引擎，按照“1+2+N”发展思路，擎起高质量发展的“四梁八柱”。具体来看，“1+2+N”中，“1”是把打造港口型开发区作为长期坚持的发展方

① 望江：培育企业创新主体工程　打造高质量发展新引擎［EB/OL］.（2023-11-09）［2023-12-08］.

② 2023 年政府工作报告［EB/OL］.（2023-01-04）［2023-04-06］.

向，引进一批依港而生的先进产业和现代物流业，实现以港口引项目、强园区、兴产业。“2”是做强纺织服装、绿色食品深加工两大主导产业。“N”是推动小型电子器件、新能源产业组件、汽车零部件、仓储冷链物流、电商、现代服务业等新兴业态竞相发展。

2016年以来，望江加快产业转型，2022年望江县三次产业结构比为17.8∶39.3∶42.9，农业发展优势稳定，工业发展持续加快，服务业发展动能明显。2022年数据显示，全县建设高标准农田5万亩，发展优质专用粮食42万亩、稻田综合种养16.2万亩，粮食总产32万吨、油料产量8.4万吨；纺织服装形成特色产业集群，汽车零部件、集成电路等装备制造产业逐渐成形，绿色食品精深加工能力不断提升，三大主导产业实现产值137亿元；开展工业提质扩量增效“235”行动，完成183家工业企业“亩均效益”评价，建成标准化厂房28万平方米，培育高新企业8家、战新和“专精特新”企业各4家，全社会研发投入1.95亿元。在推进生态保护的同时，望江大力发展绿色经济，着重打造“产业绿”，提升经济发展质量。大力发展绿色农业，做好“粮头食尾”“农头工尾”增值大文章，全县生产无公害农产品企业11家、绿色食品企业9家、有机产品6家，认证无公害产品36个、绿色食品64个、有机产品12个，[①]全县农产品加工业年产值有望达170亿元；[②]编制全域旅游规划，整合“两湖一山”旅游资源，申报武昌湖国家级自然保护区和国际重要

---

① 望江县人民政府网。

② 望江：打好“绿色生态牌”奏响“乡村振兴曲”[EB/OL].(2023-09-22)[2023-10-15].

湿地，推进文体旅游融合发展，为乡村绿色发展注入新动能。

三、以区域创新拓展新空间

按照打造港口型开发区的思路，目前有关工作已经取得实际进展：望江县港航投资有限公司已注册成立，人员已落实，下一步将拓展投融资渠道，利用银行贷款，开展项目科研、专题等前期工作，争取早日进入实质化运营；[①] 望江县《华阳镇“十四五”发展总体规划》中也提出，将围绕县委县政府“全国知名纺织服装基地、长江经济带绿色农产品生产加工供应基地、滨江襟湖产城融合港口城市”发展定位，依托华阳自身优势，建设华阳集装箱货运港口，并依托长江岸线，积极打造“滨江生态园”，开辟望江“后花园”；主动融入长三角一体化发展新格局，加快发展理念和项目对接，积极承接产业转移，争取一批大项目、好项目落户华阳，让华阳工业发展再添新动力。[②] 在“双招双引”方面，2022 年望江在全市率先建成望江籍人士信息库，紧盯苏浙沪、厦广深、粤港澳大湾区等重点产业转移地区，围绕三大主导产业，赴浙江、广东、福建、江西等地区开展招商推介活动 9 场次，各招商引资单位外出招商 588 批次，外商来望考察洽谈 695 批次；新签约亿元以上项目 36 个、总投资 196.43 亿元；[③] 望江还建立望江县电商公共服务中

---

① 探访望江华阳港：昔日繁华成追忆　今朝港口盼新生［EB/OL］.（2023-08-21）［2023-09-04］.

② 华阳镇“十四五”发展总体规划［EB/OL］.（2021-05-29）［2022-08-17］.

③ 2023 年政府工作报告［EB/OL］.（2023-01-04）［2023-02-10］.

心，建成全市首个邮政寄递共配中心，建设县乡村三级物流体系，大力发展跨境电商，目前日均电商快递量约 30 万单，2023 年 1 月至 9 月累计发件已近 5500 万单，派件量近 2000 万，县级快递业务总量稳居全省第四。① 这些都展示了望江对外开放的坚定决心和强大合力。

第三节　着力完善基础设施

所谓基础设施主要分为经济基础设施和社会基础设施两大类。经济基础设施为“永久性的工程构筑、设施、设备以及它们所提供的用于居民生活和经济生产的服务”，主要包括公共设施（如自来水、电力、排污、固体垃圾收集与处理）、公共工程（如道路、水利工程）以及其他交通部门（如铁路、港口、城市交通等）。社会基础设施则主要包含文化、教育、医疗、卫生等。基础设施的建设是地区经济社会发展的重要议题。作为长三角一体化发展、长江经济带发展、中部地区高质量发展三大国家战略叠加的地区，为更好地推动长三角一体化高质量发展，望江县大力推进地区间及县域内的基础设施建设，提升公共服务水平，以打好望江县融入长三角一体化进程的基础。

① 据望江县商务局提供材料。

一、完善城乡基础设施建设

国家发改委曾指出，县城是城乡融合发展的重要支撑，县城建设是扩大内需的重要引擎，更是人民拥有美好生活的重要保障，县城建设的成果直接与整个县城乃至全县县域的民生质量相挂钩。健全市政公用设施和公共服务设施，完善基础设施建设，有利于夯实县城运行的基础，增进县城民生福祉，为县城的长远发展及县域的融合发展提供强有力的支撑。

望江县曾于 2011 年被列为国家连片特困地区大别山片区县和贫困革命老区县，此后 2017 年也被列入安徽省 9 个深度贫困县之一。党的十八大以前，望江县城乡的基础设施建设存在明显短板，城区东西向道路通行问题突出，管道供水和供气面临较大压力。此外，城乡基本公共服务供给存在落差，乡村的实际公共服务较差，由此导致望江县城乡之间发展的差距逐渐拉大，使得城乡之间资源要素的自由流动阻碍重重。为有效解决望江县城与乡基础设施建设落后的问题，近些年来，望江县以中央文件提出的“完善县城配套设施，促进城乡融合发展”为索引，基于本县县情不断探索县城市政公共基础设施建设和公共服务的最佳方案，并将方案付诸实践，向全县人民交出一份又一份满意的答卷。

市政公用设施是县城发展的重要硬件基础，其直接服务对象为县城居民。“十三五”以前，望江县城区发展空间明显不足，由此导致市政公用设施的建设步履维艰，始终存在诸如城区道路狭窄、交通拥挤、停车场位不足、老旧小区配套设施差等问题，制约着县城的经济发展能力和人口吸引力。“十三五”以来，望江县住房与城乡建设局深入贯彻习近平新时代中国特色社会主义思想和党的十九大精神，深刻反思“十三五”之前望江县城规划部署存在的问题，紧紧围绕县委、县政府工作部署，坚持双轮驱动、坚持民生优先、坚持转型发展、坚持改革创新等发展理念，携手县委、县政府有关部门，聚焦县城重点工程，从城市路网、道路通行条件等几个方面着手加快市政基础设施建设，完成市政基础设施投资总计12亿元，推动望江县城市建设实现平稳较快发展，城镇化率稳步提升。

（一）持续完善城市路网

“十三五”期间，住房与城乡建设局主持完成了清廉路（莲花湖段）、君皇山路、望江大道二期、利民路A段、长河路A段、杨湾路等城市主次干道建设，打通东环路、逸仙路、牌坊路（雷阳路—东洲路）等多条断头路，稳步推进华阳互通连接线、利民路、望江大道延伸段建设，新增城市道路10公里。此外，住建局还逐步推进县城道路黑化改造，完成雷池大道、东洲路、回龙路、书院路等道路黑化改造8公里。由此，望江县“一环四纵十横”的城市大框架基本形成，实现了城际、城乡间的互联互通，保障了县域交通运输市场的稳步运行。

（二）更新城区相关管网

管网的更新改造工作关系着人民的生命财产安全。“十三五”期间，望江县加大排水管网建设及更新改造，新增了排水管网20公里，推进城区的截污纳管和水环境治理，县城污水收集率稳步提高。同时，住建局还完成了县污水处理厂提标改造和扩建，实现污水日处理能力由 2 万吨提升到 7 万吨，将望江县出水排放由一级 B 标准提高到一级 A 标准，进一步提高了城市综合承载能力。在改造排水管网的同时，望江县也关注着县城内供水管网的建设，完成了城市备用水源和县第一自来水厂的建设，并逐步对城区和开发区的供水管网进行延伸改造，使得城内供水水质和水压明显改善，由此保障了望江县的供水安全。加强供气安全保障同样也是住建局保障民生的又一重要任务。近年来，望江县不断推进天然气门站（LNG 储配站）和管网建设，新增燃气管网 30 余公里，新增用户 1 万余户，实现了望江县燃气普及率的大幅提升。

（三）推动老旧小区改造

“十三五”以来，望江县不断完善住房保障体系，切实落实惠民项目。为有效落实老旧小区改造项目，望江县成立了县长任组长的城镇老旧小区改造工作领导小组，按照“统筹安排、统一规划”原则，连片推进老旧小区改造，先后实施了小北门步行街等 42 个老旧小区改造项目，改造面积约 100 万平方米，受益群众约 2.6 万人。此外，望江县人民政府还不断加强县城居民的住房保障，累计完成公租房实物配租 3927 套，结合政府的租赁补贴发放，目前全县共 12347 户城镇住房困难的家庭与新市民享受住房保障政策，城镇中等以下收入住房困难家庭住房问题得到基本解决，居民稳居安居的需求得到满足。

（四）大力推进望江县棚改拆迁

随着我国经济社会的快速发展，城镇化进程不断加快，大量农村人口涌入周边县城寻找就业机会。由于短期内农村人口的急剧增加，县城中基础设施和住房条件改善的速度无法对应满足庞大的人口需求，城内住房供需矛盾严峻。其为尽快解决自身进城无处可居的问题，县城中出现许多破旧拥挤且存在安全隐患的棚户区。这些棚户区的出现不仅严重影响了城区面貌，导致城区居住环境变差，还存在安全隐患，影响城区的治安环境。为有效解决棚户区存在的问题，改善城区的居住环境，中央政府提出棚户区改造民心工程，并组织制定《棚户区征收标准》，要求各地政府依据征收标准和相关法律法规，对城镇中的旧村旧房进行改造。2014 年，国务院办公厅印发《关于进一步加强棚户区改造工作的通知》，部署有效解决棚户区改造中的困难和问题，推进改造约 1 亿人居住的城镇棚户区和城中村。此后，望江县根据中央下发的棚户区改造文件，始终把棚改征迁作为提升居住环境、改善城市面貌的有力抓手，成立“规建管”土地和房屋征收工作领导小组，坚持以人民为中心，以推动城镇化建设和改善群众居住条件为出发点和落脚点，结合望江县实际对每年的目标任务制订年度实施方案，明确工作目标、工作要求和组织保障。自棚改工作开展以来，工作小组先后组织实施了莲花湖五期、宝塔河南岸、桥港开发区、宝丰、武昌湖路片区、北部片区等 22 个棚户区改造任务，总征收任务 4477 户，面积约 78 万平方米。截至目前，22 个棚改项目中已全部实施完成的项目有 10 个，停止实施项目有 1 个，正在扫尾攻坚的项目有 11 个，共计完成签约征收 3867 户。

华阳镇大号村位于望江县城区的边陲，其棚改项目于 2019 年

3月28日启动，涉及763户。在棚改工作中，望江县经开区社会事务局按照每个人口75平方米对涉及棚改的村民进行了补偿，其中45平方米为房屋补偿、30平方米为宅基地退出补偿。完成棚改签约的大号村群众最终统一搬迁到望江大道与利民路交叉口的正在建设的滨江华府小区内。滨江华府小区于2019年4月开工，共建设12栋楼，可满足1248户的居住，这一项目已于2021年完工。对于棚改工作的推进，望江县不急于求成，而是稳扎稳打，规划一批棚改项目便公示一批、落实一批。在做棚改户思想工作时，棚改领导小组始终坚持将群众的利益放在首位，做到让利于民，由此实现望江县棚户区改造工作的顺利推进，为城市建设提质扩能和重大项目顺利推进奠定了基础，更有效改善了群众的居住环境，圆了老百姓安居之梦。

（五）有效完善城区配套设施

要想使县城能留得住人，县政府相关部门除了要关注与居民生活生产相关的公共设施建设外，还要不断完善配套的公共文化设施，丰富人们的精神世界，满足人们对精神文化的需求。为此，望江县文旅体局积极建设县城文化馆、图书馆和城市阅读空间。截至目前，文旅体局已逐步完善县文化馆、图书馆服务功能，在城区新建7个阅读空间，实现城区文化馆、图书馆和城市阅读空间的免费开放，为城区打造浓厚的文化氛围，为丰富城区居民文化生活提供了条件。

此外，望江县还注重城市绿化空间的塑造，根据望江县城区绿地系统的规划，提高城区绿化率，为居民提供天然宜居空间。截至

2021年，望江县实现县城建成区绿地面积636.88公顷，其中公园绿地184.96公顷，防护绿地85.00公顷，广场绿地6.60公顷，工业绿地130.00公顷，附属绿地95.33公顷，其他绿地134.99公顷，建成区绿地率41.09%，绿化覆盖率43.90%，人均公园绿地面积11.56平方米。不仅如此，望江县城的环城林带也已初步建成，县城道路绿化率达到100%。截至2021年8月，望江县全县水体沿岸林木绿化率为96.34%，县城重要水源地森林植被保护完好，功能完善，林木绿化率达到75%。县城也已建有生态科普场所2处，创办君皇山人防公园、政府绿化广场、宝塔河滨河公园、古雷池生态公园等多个森林城市建设示范点，做到了市民出门300米见绿、500米见园，实现了“生态得保护，环境变优美”的良好效果。

二、优化城乡公共服务供给

郡县治则天下安，县一级工作的好坏，直接关系国家的兴衰安危。[①] 因此，党中央多次在重要会议中提出将县城作为重要载体推进城镇化建设。而要想实现县城在新型城镇化中的载体作用，优化县城的公共服务，全面提升县城公共服务的质量和能力是关键。公共服务主要指政府运用权威资源回应社会的需求，使社会中的最大多数人得到最大福利的公共产品，[②] 其基础和核心是基本公共服务，涉及教育、医疗、卫生、社会保障等领域。党的十九大报告中提出“幼有所育、学有所教、劳有所得、病有所医、老有所养、住有

① 习近平.摆脱贫困［M］.福州：福建人民出版社，1992：32.

② 陈振明，等.公共服务导论［M］.北京：北京大学出版社，2011：13.

所居、弱有所扶”七大民生福祉涵盖了我国目前基本公共服务的具体项目。作为县城推进城乡融合发展的重要工具，政府只有大力完善县城基础设施，强化公共服务供给，才能有效凝聚人口引力，吸引农业转移人口，推动县城经济发展。望江县为了有效推动农业转移人口市民化，让进城的农业转移人口全面融入城市，实现“乡下人”成为真正的“城里人”，在消解户籍制度对城乡融合发展“制度约束”的同时，也在竭力优化望江县城的公共服务，形成提高县城城镇化率的深层引力。①

随着社会主义市场经济体系的不断完善，城乡之间人口的流动使得农村居民对社会基本公共服务的需求更高，同时也使得社会对于基本公共服务均等化的呼声更加强烈。与此同时，国家也深刻意识到城乡基本公共服务均等化对于推动城乡深度融合、实现乡村振兴的重要性。因此，2002 年，党的十六大提出“建立以工促农、以城带乡长效机制，形成城乡经济社会一体化发展新格局”的政策；2017 年 12 月 28 日，习近平总书记在中央农村工作会议上强调走中国特色社会主义乡村振兴道路，必须重塑城乡关系，走城乡融合发展之路，坚持以工补农、以城带乡，把公共基础设施建设的重点放在农村，优先发展农村教育事业，促进农村劳动力转移就业和农民增收，加强农村社会保障体系建设，健全城乡基本公共服务体系，

---

① 钱振明 . 县城城镇化趋势与县城公共服务供给强化之路径［J］. 中国行政管理，2022（7）：23-28.

此后也多次在中央重要会议上提及。[①]为有效贯彻落实党中央政策，保障农村居民利益，推动城乡融合发展，望江县也在积极关注农村教育、养老、医疗卫生等的发展，以切实行动推动城乡基本公共服务均等化政策落在实处。

（一）城乡教育一体化

在国家“以县城为重要载体的城镇化建设”战略支持和引领下，县城未来可能会成为乡村人口转移容纳的主要场所，也可能会成为在大城市务工的农民工离城返家的容身处。这两种趋势影响下的结果就是县城成为人口迁移大潮的新导向。[②]在这一新导向的影响带动下，学生由乡村就学向城镇就学的新流动趋势不断加强，城镇教育资源供需矛盾不断被激化，如何优化城区资源，有效缓解城区“大班化”教育压力，让每个学生更充分地享受城区均衡的教育资源，这成了各县城教育部门共同关注且竭力解决的问题。从 2016 年开始，望江县成立了县长担任组长的领导小组，多次召开成员单位联席会议和推进义务教育均衡发展工作专题会议，协调解决工作中出现的问题。为了有效解决望江县城区大班额问题，县政府投资 1.73 亿元建设望江一小莲花湖分校和实验学校开发区分校，并将其列为县政府 2016 年九大工程之首。此外，为深入推进望江县基础教育综合改革，进一步扩大优质教育资源覆盖面，努力满足人民群

---

① 赵军洁，张晓旭．中国户籍制度改革：历程回顾、改革估价和趋势判断［J］．宏观经济研究，2021（9）：125–132+160.

② 金紫薇，邓友超．中国教育的流动逻辑［J］．清华大学教育研究，2023，44（2）：30–42.

众对优质教育的需求，望江县城区还结合本县县情制订了县城区的义务教育学校集团化办学实施方案。方案以“城区优质学校（含分校）+县城规划区内普通学校”为组成架构，根据其地理位置、交通情况及学段学制等实际情况，组建望江初级中学教育集团［望江初级中学+望江初级中学城北分校（在建）+华阳初级中学］、望江县实验教育集团（望江县实验学校+望江县开发区分校）、望江县第一小学教育集团（望江县第一小学+望江县第一小学莲花湖分校+雷阳中心学校及所属村校）共三个城区义务教育集团，华阳明德小学则作为城区义务教育学校结对共建学校重点建设。在明确方案组建模式后，教育局决定采取管理共进、团队互派、教研互动、学生互访、资源共享和文化协同的措施，于 2022 年 6 月起实施推进城区集团化办学。随着该方案的落实推进，望江县城区教育改革取得了实质性成果，全县教育资源配置更加合理，教育质量也实现了稳步提升。

为进一步推进教育资源优质均衡、可持续发展，全力满足人民群众对优质教育的需求，促进教育公平，实现城乡教育一体化发展，望江县不断深入推进教育综合改革，全面扩大优质教育资源覆盖面，促进城乡教育资源配置公平发展。

1. 以地方政策为导向，多面向推进城乡教育一体化发展

“十三五”至今，望江县教育局出台了《关于印发望江县基础教育学校开展结对帮扶推进教育扶贫实施方案的通知》《望江县推行名校（园）集团化办学实施意见》《关于印发〈望江县教育局关于推进城乡教育联合体建设促进乡村教育振兴工作实施方案〉的通

知》以及《关于印发〈望江县城区义务教育集团化办学实施方案〉的通知》等文件，根据相关文件，积极推动学前、小学、初中、高中 4 个学段组建名校集团，推动理念、资源、方法、成果、品牌五个方向的融合，实现优质教育资源共享。

为有效促进资源共享，确定方案的普遍可行性，望江县教育局积极进行学前、小学、初中、高中不同学段的试点探索，并形成了以下 6 类集团办学试点：

望江县示范幼儿园教育集团实现示范幼儿园本部与新建的开发区幼儿园、翰林苑幼儿园、维也纳幼儿园联合招生办学；

望江县第二幼儿园教育集团实现第二幼儿园本部与新建的云珠幼儿园、金鼎国际幼儿园、宝塔东苑分园、金桂园幼儿园联合招生办学；

望江一小教育集团实现望江一小本部和新建的莲花湖分校联合招生办学；

实验学校教育集团实现望江实验学校本部和开发区分校联合招生办学；

望江初级中学教育集团实现望江初中本部和城北分校联合招生办学；

县示范幼儿园与长岭花儿幼儿园、县第二幼儿园与凉泉照直幼儿园、望江初中与新坝初中、望江初中与古炉初中、望江二中与赛口中学开展结对帮扶活动。

通过全县县域内的教育资源互通帮扶，截至目前，望江县有效实现了优质教育资源共享。试点探索的成功使得望江县教育局在全面总结教育集团办学、管理经验基础上，继续扩大范围，进一步组建城乡学校联盟和城区义务教育集团，采取城区优质学校（含分校）与城区周边、乡村普通学校“捆绑”结对的形式，构建资源共享、优势互补、合作共赢的城乡教育联合体和城区义务教育集团。截至目前，根据城区优质学校和乡村学校、城区周边实际情况，望江县已组建了 2 个初中联合体（包括望江初中—毛安中心学校和实验学校—新桥中心学校）、3 个小学联合体（包含望江一小—古炉新华小学、望江三小—高士方祠小学和望江四小—华阳磨盘小学）共 5 个城乡教育联合体。不仅如此，望江县还组建 4 个城区义务教育集团，涵盖 1 个城区初中段教育集团、2 个城区小学段教育集团、1 个城区九年一贯制教育集团，新组建的联合体、教育集团学校目前均已常态联合开展教育教学教研工作。

除了创新城乡教育联结方式，形成集团式教学模式以外，望江县还实施定向计划招生，由此推进教育公平。近几年来，安徽省示范普通高中招生计划的 80% 为定向指标，根据巩固脱贫攻坚成果工作要求，望江县从定向计划中划出 10 名指标（望江县第二中学、望江中学各 5 名）面向全县定向招收建档立卡贫困家庭学生，其余的按各初中学校实际参加初中学业水平考试的应届生人数核定分配。此外，望江县还坚持“以流入地政府为主，以公办学校为主”的原则，依法保障县域内进城务工人员子女、外地返乡人员子女和县外户籍人员随迁子女平等接受义务教育的权利。

2. 推进城乡教育公平，优化望江县域教育资源配置

“十三五”以来，望江县优化城乡义务教育资源配置，促进区

域、城乡和各级各类教育均衡发展，努力办好家门口的每一所学校。其中，2017 年迁建毛安花园小学，投资 335 万元，新建教学楼及运动场，办学规模 6 个班，新增义务教育学位 270 个；2018 年投资 984.6 万元，迁建了鸦滩镇码头小学，新建教学楼、综合楼、食堂、大门围墙、运动场、校园道路下水等附属工程，迁建后办学规模扩建为 12 个班，新增农村义务教育学位 540 个；2020 年迁建金堤中心学校，投入资金 822 万元，新建教学楼、运动场及配套附属工程，现均已投入使用。通过合理使用各级各类教育项目专项资金，望江县城乡学校之间教育资源配置相对比较均衡，教学质量差异并不显著，且各有特色。

早在 2017 年，望江县就通过了国家义务教育均衡发展验收，并持续努力向义务教育优质均衡发展迈进。时至 2023 年，望江县全县适龄学前儿童毛入园率达 97.35%；普惠性幼儿园招生覆盖率达到 82.86%。2022 年以来，累计接纳 3000 余名进城务工人员随迁子女，公办学校接纳比例达 100%。

不仅如此，城乡一体化也促进了望江县学校内涵的提升。城区学校集团化办学模式逐渐成熟，实验学校下设开发区分校小学部、初中部两个分校，望江初级中学下设望江初中城北分校，望江初中开发区分校规划设计工作正在加紧推进。

3. 推进“县管校聘”管理改革，实现城乡教职工统一管理

根据县教育局、县委编办、县人社局以及县财政局出台的《关于全面实施中小学教师“县管校聘”管理改革的通知》要求，望江县始终坚持强化县域统筹管理，完善学校治理结构，落实学校用人

自主权，建立健全县管教职工编制、人员经费、岗位设置、交流轮岗，校管岗位聘用、绩效工资分配、考核奖惩的新机制，为校长教师合理交流轮岗提供制度保障。

此外，望江县还坚持明确中小学教职工编制管理情况，控制总量、盘活存量、提高编制使用效率，按照“标准统一、动态调整、余缺调剂”的基本思路，2018 年，安徽省核定望江县中小学教师编制标准为 3991 人、编制周转池规模为 180 名，主要是向农村义务教育学校倾斜，确保农村学校编制数标准高于城镇学校编制数标准。同时，望江县还下达了《关于重新核定全县中小学教职工编制的通知》和《关于核定中小学教职工周转池编制的通知》，并于 2023 年共补充新教师 111 名，其中安置定向培养乡村教师 29 名，赴高校招聘高中教师 15 名，招聘“特岗”教师 40 名，招募“三支一扶”支教教师 10 名，从外县调入教师 17 名。为了促进义务教育教师间的交流，实现城乡教育经验互通，望江县根据《望江县关于推进县域内义务教育学校校长教师交流轮岗的实施意见》，着力构建了县域内校长教师交流轮岗的长效机制，推动交流轮岗工作的制度化、常态化。

在教师绩效考核方面，望江县认真落实农村和边远山区教师工资待遇倾斜政策，农村学校每人每月定补 80 元或 120 元。从 2013 年开始，按照学校的办学规模和教育教学实际，对边远山区学校的教师每人每月发放不等的生活补助，同时于 2015 年开始实行乡镇工作补贴发放。

通过以上教育改革措施的推行，望江县的城乡教育资源配置向均等化发展迈出一大步，由此促进了学校互通互融，学校管理水平不断提高，教师学生获得了共同进步，实现了学校资源共享，缩小了城乡区域间的差距，更促进了乡村学校内涵发展和品质提升。

（二）城乡医疗服务体系均等化

中共中央办公厅于2022年印发的《关于推进以县城为重要载体的城镇化建设的意见》[①] 中曾指出，要不断完善医疗卫生体系，推进县级医院提标改造，提高县级医院救治和服务能力，完善县级医院妇幼保健机构设施设备，建立省和地级及以上城市三甲医院对薄弱县级医院的帮扶机制。为保障望江县人民健康，县卫健委坚持以人民健康为中心，构建县—乡镇—村医疗卫生服务体系，全力推进全县医疗卫生事业的发展。为了补齐望江县医疗卫生资源的短板弱项，提升医疗服务能力，卫健委大力推动项目建设，强化医疗卫生单位硬件设施。

以望江县医院为例，近年来，为了更好地满足人民群众的健康需求，县医院不断引进新技术、新理念，竭力打造特色品牌科室，精准投放优质医疗资源。2022年年底，县医院引入“胰岛素泵”，有效模拟人工胰腺分泌胰岛素，从而更精准地为糖尿病患者提供降糖治疗。县医院内分泌主任罗旭光提到，以前县医院遇到糖尿病患者，由于医院无法提供精准泵治疗技术，患者只能去县外治疗，现在医院引入了这项技术，患者不出本县医院就可以进行降糖治疗，就诊的患者既不需要四处奔波，也不需要再花费高昂的治疗费用。

---

① 中共中央办公厅 国务院办公厅印发《关于推进以县城为重要载体的城镇化建设的意见》[J]. 国家图书馆学刊，2022，31（4）：84.

不仅如此，在党和政府的大力支持下，望江县医院在派驻医疗人员外出进修、不断引进新技术的同时，也不断更新诊疗硬件设施、引进肿瘤放射治疗、购置 256 排新 CT、3.0T 磁共振，在县内率先创建卒中中心、胸痛中心等一系列举措，让群众便捷就医真正落到实处。

在注重医疗资源优化的同时，望江县还不断加快医疗卫生健康人才队伍的建设，坚持“引、培、留”方针，一方面通过公开招考和开展人才双选会加大卫生健康人才引进力度；另一方面积极搭建平台，加强县域医疗机构与高校院所的合作，推进与安庆医药高等专科学校、长三角普惠医疗健康发展联盟建立长期合作关系，合作培养县域医疗卫生健康人才。到目前为止，望江县已成功创建国家慢性非传染性疾病综合防控示范区，全国基层中医药示范县创建、省级卫生县城创建、省级健康促进县建设均通过省级专家评估验收。全县卫生健康人才总数 2285 人，其中卫生专业技术人才 1719 人，每千常住人口拥有执业医师 1.95 人，注册护士 2.21 人，实现了以人才促县域医疗卫生事业长远发展的目标。

国家医疗卫生事业的发展好坏与否直接关系着人民生活质量。因此，只有解决好城乡医疗卫生问题，才能有效保障城乡居民生活质量，进而为乡村振兴城乡融合发展注入活力。望江县在推动城乡基本公共服务一体化发展时，始终坚持将构建城乡均等化医疗体系作为工作的重中之重，结合城乡具体发展情况，及时出台切实可行的城乡医疗卫生政策。

1. 加大项目建设，强化医疗卫生单位硬件设施

为补齐医疗资源短板弱项，大力提升医疗服务能力，全面强化基本公共卫生，卫健系统大力推动项目建设，2023 年已开工建设项目共 1 个，总投资 31200 万元，其中纳入县重点项目的有 1 个，为望江县县域医共体基础能力提升项目，总投资 31200 万元，并计划 2023 年完成投资 10000 万元。这一项目由鸦滩、高士、赛口、漳湖、凉泉 5 家乡镇卫生院建设组成，总建筑面积 54317 平方米，另有设备设施配套等项目内容。

此外，目前望江县所有乡镇卫生院（包括社区卫生服务中心）都实现了 DR、彩超、全自动生化仪全覆盖配备，同时也实施了村卫生室的规范化建设，这些基础项目的建设正助力卫生健康信息化建设稳步推进。

2. 聚焦城乡医疗服务难点，综合医改工作持续深化

全力推进紧密型县域医共体建设。根据安徽省和安庆市关于加快紧密型医共体建设要求，望江县成立县医院、县中医院党委，配齐党委班子人数，严格执行党委领导下的院长负责制，积极发挥医院党委在医改工作中“把方向、管大局、做决策、促改革、保落实”的领导作用，建立健全医院党委与行政班子议事决策制度。同时，卫健委积极监督县医院与县中医院运用医疗、医保、医药手段引导患者形成合理就医格局，由此逐步建立本院与乡镇卫生院等基层医疗卫生机构分级诊疗、双向转诊的医疗服务管理机制。

大力推进县域医共体中心药房建设。在推进县域医共体中心药房建设的过程中，望江县卫健委主要采取了三种切实可行的措施。

首先是通过印发《望江县紧密型医共体中心药房建设方案（实行）》通知，全面启动中心药房建设。其次是实现以县域医共体牵头的县医院、县中医院为主体，分别建设两家县级中心药房，强化村级药品配送和规范村级药事管理。最后是县卫健委还联合县医保局与医共体各成员单位在前期调度会商的基础上更新整理了村级统一药品目录，印发了《关于规范望江县县域医共体县级中心药房统一药品（村级）目录的通知》，明确了由两家县级中心药房集中采购集中统一配送，推动村级药品统一配送的实现。

"六统一"推动村医一体化管理。望江县通过出台《村医一体化管理实施方案》《望江县加强村医队伍建设三年行动方案（2021—2023 年）》和《望江县村医一体化管理实施方案的通知》等相关文件，配合实践在全市率先推进村医一体化改革，积极推行办公条件、诊疗服务、药械采购、财务核算、收入分配、人员聘用"六统一"管理模式，不断提升基层医疗服务能力和水平。同时，望江县卫健委还出台"乡聘村用""跨村任职""财政兜底"等措施，稳步解决基层公共卫生服务群众特慢病的医保报销补偿、村医保障不足等"最后一公里"的问题，进一步夯实基层医疗服务的基础，推动卫生健康事业的高质量发展。

不断改善就医环境，加强乡村人才队伍建设。为改善乡村就医环境，提高乡村医疗健康卫生服务能力，望江县卫健委对全县村卫生室和村医情况进行全面摸底，编制最新版花名册，从年龄、学历、执业资质等方面综合地分析各村卫生室村医状况。2018 年以来，全县完成村级卫生室标准化建设 120 个，项目总投资 2989 万元。此外，全县在岗村医全部拥有执业资格，县政府全部缴纳在岗村医的养老保险，解决其行医的后顾之忧。由此，望江县实现了每个行政村有 1 个村卫生室，每个村卫生室至少有 1 个合格村医的基本目标。

（三）城乡养老资源均等化

近年来，随着居民生活水平的不断提高和社会医疗条件的改善，我国居民的健康水平显著提升，国家人口呈现出生率和死亡率低、人均寿命不断增长的特征。[①] 但与此同时，我国人口老龄化也呈快速增长趋势，老龄化进程不断加快，2020 年第七次全国人口普查数据更是鲜明地体现了老龄化进程加快这一特征。望江县第七次全国人口普查显示，全县常住人口中，0—14 岁人口为 85442 人，占比 18.48%；15—59 岁人口为 272806 人，占比 59.00%；60 岁及以上的人口为 104119 人，占比 22.52%，其中 65 岁以上人口为 85995 人，占比 18.60%。与 2010 年望江县第六次全国人口普查相比，0—14 岁人口比重提高了 1.7 个百分点，15—59 岁人口比重则下降了 8.45 个百分点，60 岁及以上人口的比重提高了 6.75 个百分点，65 岁及以上人口比重提高了 8.25 个百分点，县域老龄化问题愈加突出，养老问题亟待重视与解决。（表 2–3）

---

① 陈显友．乡村振兴背景下农村养老服务供给问题研究［J］．广西社会科学，2021（11）：8–16.

表 2-3　2020 年望江县全县人口年龄结构

年龄（岁）	人口数	比重（%）
0—14	85442	18.48
15—59	272806	59.00
60 及以上	104119	22.52
其中：65 及以上	85995	18.60
总计	462367	100

“十三五”以来，面对人口高龄化的快速发展趋势以及传统养老模式不断受到冲击的严峻态势，养老问题日益成为社会关注焦点，积极应对人口老龄化已经成为望江县乃至全国的一项长期战略任务。党的十九大以来，望江县民政局深入学习习近平总书记一系列关于养老工作的指示精神，贯彻落实县委、县政府决策部署，与相关部门协力推动养老机构提质增效和医养结合深入发展，推进“居家社区机构相协调、医养康相结合”的多元化养老服务体系的逐步完善，不断提升全县养老工作水平和服务质量，具体举措如下。

1. 编制两项规划。聘请专业的第三方中介公司，通过对望江县养老设施现状条件和老年人对养老设施需求的分析，目前已编制养老服务设施布局规划初稿。同时，广泛收集意见建议，争取在 2024 年前完成覆盖城乡、区域均衡、层级清晰、功能完善、全民共享的规划设计蓝图。

2. 健全养老服务补贴制度。进一步完善高龄老人补贴制度，建立经济困难老年人居家养老服务补贴 + 政府购买服务有序结合制度。探索建立老年人医疗护理保险制度，减轻养老医疗护理自付压力。根据经济社会发展水平和物价上涨等情况，适时调整基本养老、基本医疗、最低生活保障等补助标准，提高养老保障水平。

3. 统筹发展农村养老服务。（1）对低收入老年人进行居家适老化改造，结合居家和社区基本养老服务提升行动对 324 名特殊困难老年人家庭，对其居家环境关键区域或部位进行适老化、智能化改造，安装网络连接、紧急呼叫、活动监测等智能化设备，并视情配备助行、助餐、助穿、如厕、助浴、护理、感知类等老年用品，并根据老年人家庭的住宅环境、老年人身体状况进行针对性的评估设计，按照每户不超过 7000 元标准给予补贴。目前改造工程已完工并通过验收，共投入资金总额 156.8 万元。（2）对低收入老年人进行政府购买居家上门服务，根据《望江县政府购买低收入老年人居家养老服务工作实施方案》和老年人综合能力评估情况，为全县 1136 名老年人提供居家养老上门服务，服务内容包括但不限于出行、清洁、起居、卧床、饮食等生活照护以及基础照护、健康管理、康复辅助、心理支持、委托代办等服务。目前已累计服务 47221 人次。（3）对特殊困难老年人开展探访关爱服务，自 2019 年开始，望江县就初步建立了农村老年人家庭赡养协议签订制度、农村留守老年人联系登记制度和农村特殊老年群体探视走访制度等涉老群体关爱服务保障体系。2023 年，望江县民政局持续推进留守老年人关爱保障工作，联合政法委、文明办、教育局、财政局、住建局、农业农村局、卫健委、残联、老龄办九部门制定了《望江县开展特殊困难老年人探访关爱服务实施方案》，对特殊困难老年人实行每周探访一次，建立定期走访关爱、探望长效机制，及时了解和掌握分散居住的特困供养对象、独居、失能失智、高龄等特殊农村留守老年人生活照料、健康状况等真实情况。截至目前，民政局完成探访关爱老人累计 56089 人次。

4. 积极推进医疗卫生与养老服务相结合。完善医疗保障体系，逐步搭建城乡居民医疗保险、医疗救助、补充医疗保险和商业健康保险等多层次医疗保障体系。完善老年人医疗救助、康复救助和重大疾病救助制度，统筹落实医养结合优惠扶持政策，积极创新养老机构与医疗卫生机构合作机制，支持养老机构开展医疗服务。

三、合作共建长江经济带

近年来，望江县政府积极提升长江经济带地区的基础设施建设水平，特别是望东长江大桥、宿望宣城际铁路、S32 望江至太湖高速公路等重要项目。其中，望东长江大桥投资高达 30 亿元，显著减少了前往长三角地区所需的时间，增强了地区的交通互联性，并符合绿色发展理念。以上这些项目的推进不仅加强了长江经济带的物流便捷性，还提高了区域内资源流动效率。

望江县的基础设施建设计划重点也包括安九公路的通车和冷链物流基地的快速建设，前者大大提升了区域内的交通互联互通水平，后者提高了农产品供应链的质量和效率。与此同时，长江公铁大桥项目的有序推进将加强区域内的交通连接，促进跨江物流的便捷。此外，望江县还推进与苏浙地区园区的合作共建，加强园区基础设施建设和公共服务配套，增强产业的承载能力。

第四节　大力开发生产要素

一、强化土地要素保障

强化土地要素保障是地方推进增投资、上项目、高质量发展的重要基础。近年来，望江县大力推进土地节约集约高效利用，以规划管控、土地整治、盘活利用为抓手，突破土地要素瓶颈，拓展发展新空间，走出了一条具有望江特色的节约集约用地新途径。2023年2月，望江县被自然资源部认定为第一批自然资源节约集约示范县。从2022年5月起，望江县利用三年时间，实施批而未供土地分类处置、闲置土地对账销号、工业低效用地整治提升三个专项行动，对批而未供、闲置和工业低效土地全域治理攻坚，进一步提升节约集约利用水平。2022年，望江县通过“腾笼换鸟”、租赁盘活等方式盘活低效工业用地450.76亩；2023年，通过政府收回再利用、企业提质增效等方式，已盘活低效用地410.18亩。望江县开展三类土地全域治理三年攻坚，深化“亩均论英雄”改革，成功实施“亩均贷”，推行“标准地”供应，推动“交地即开工”，为望江经济社会高质量发展提供要素保障。

二、优化资金要素配置

资本是社会主义市场经济的重要生产要素，是促进社会生产力发展的重要力量。近年来，望江县加大为企服务工作力度，健全服务企业的常态机制，在护航企业发展中不断优化工作措施、细化服务内容、扩展服务领域，切实优化县域营商环境。

一是加快落实组合式税费政策，推动惠企政策免申即享、免申直补。望江县出台《望江县惠企政策兑现“免申即享”资金池管理暂行办法》（望政秘〔2022〕32号），建立500万元资金池，由企业服务中心统筹资金拨付，通过部门数据联动，政策兑现无须企业申报材料，实现政策“一门式”集中兑现；强化协同推进，建立涵盖10多个涉企审批主管部门联动机制，促进“免申即享”资金池高效运行，实现政策审核和资金拨付点对点直达。截至2023年，县级财政已兑现“免申即享”政策资金3690.6万元，惠及企业385家次。2023年1—10月，望江县兑现涉及工业、科技、信息化政策资金共2270万元，积极帮助企业完成政策兑现申报，增强企业生产研发信心。[①]

二是持续推进项目建设。据统计，2023年望江县重点项目计划共计328个（续建项目70个、计划开工项目76个、谋划储备项目182个），总投资1540.76亿元，其中，政府投资项目251个，总投资1114.54亿元；产业类项目77个，总投资429.45亿元，年度计划投资129.8亿元。[②]特别是据县商务局数据，2023年1—9月全县实际利用外资累计完成595万美元，已经超额完成市级下达的400万美元指标任务，展现了望江县资本要素较为活跃的状态。[③]

三是做强产业平台。在做强纺织服装、绿色食品深加工两大

---

① 望江县科经局提供材料。

② 望江县发改委提供材料。

③ 望江县商务局提供材料。

主导产业方面，望江县还出台促进纺织服装和绿色食品深加工产业发展的支持政策，如《望江县支持纺织服装产业发展二十条政策》《望江县绿色食品产业发展“663”行动实施方案（2022—2023 年）》等产业专项政策和“开门红”三十五条、“夏日红”三十条、“金秋红”三十条、“全年红”三十条等扶持政策。针对纺织服装产业发展，望江县提出要做大做强纺织服装业，建设全国纺织服装名县、长江中下游纺织服装第一县，打造千亿级纺织服装产业集群，围绕构建“从头到脚”“从里到外”“从老到少”“从夏到春”的“四从四到”制造销售体系，以“提升纺织，主攻面料，打通印染，塑造品牌”为抓手，[①]以童装为特色，以电商为新动力，以创新为引领，以品牌为核心，以集群为支撑，加大纺织服装品牌企业的招引力度，推动形成从原料到成品、从设计到销售、从线下到线上的全产业链生态圈。[②]2023 年，望江县积极举办童装设计大赛、童装时尚周等活动，特别是隆重举办了 2023 中国（安庆·望江）现代纺织服装产业展览会，通过展会搭建产业链供应链对接平台，持续扩大望江纺织服装产业影响力。针对绿色食品深加工产业发展，望江县要提出充分发挥绿色食品在现代农业建设中的示范引领作用，以发展预制食品为突破口，以推动绿色食品产业全产业链发展为方向，围绕稻米、油菜、水产、生猪、家禽、蔬菜六大绿色食品主导产业，实施绿色原料基地、农副产品加工提档、电商物流体系提升、

---

① 县发改委提供材料。

② 安徽望江：打造国内知名的纺织服装产业集群［EB/OL］.（2023-08-31）［2023-09-12］，望江县人民政府网。

生产经营主体壮大、科技创新能力支撑、品牌培育宣传推介六大工程，实现全区域布局、全价值链挖掘、全产业链开发“三全”目标，全面提升绿色食品产业质量效益和竞争力。①

四是因地制宜推进产业转型。从产业结构来看，2022 年望江县三次产业结构比为 17.8 : 39.3 : 42.9，② 与 2016 年的 26.4 : 42.0 : 31.6 相比，③ 第三产业比重大幅增长，第一、第二产业比重下降。作为全国新兴纺织产业基地县、中国好粮油行动计划示范县、全国农产品加工示范基地县，望江县在发展好纺织服装、绿色食品加工两大支柱产业的基础上，经过“十三五”时期的发展，已初步实现从粗放型向集约型、从量的扩张型向质的提高型、从高速增长型向适度平稳型增长的转变。从产业结构来看，望江县第三产业发展较快，已经成为县域经济发展的新引擎；第二产业发展还有增长空间，数据显示，自 2019 年以来，望江县第二产业比重连年下降，2022 年全年实现全部工业增加值为 44.37 亿元，同比下降 9.5%，工业对全县经济增长的贡献率下降明显，对照“工业强县”的发展战略还有较大差距。（表 2-4）

---

① 《望江县绿色食品产业发展“663”行动实施方案（2022—2023 年）》。

② 2022 年望江县国民经济和社会发展统计公报［EB/OL］.（2023-04-19）［2023-05-20］.

③ 望江县 2016 年国民经济和社会发展统计公报［EB/OL］.（2017-06-16）［2023-01-12］.

表 2 4 望江县部分经济指标变化情况[①]

	望江县 GDP（亿元）	GDP 增长率	第一产业比重	第二产业比重	第三产业比重
2019 年	185.1	8.1%	16.1	42.8	41.1
2020 年	190.83	3.0%	17.3	41.9	40.8
2021 年	202.3	4.5%	17.3	41.2	41.5
2022 年	202.5	0.6%	17.8	39.3	42.9

在招商引资方面，望江县还具有以下几方面突出优势：一是产业基础比较好，纺织服装和绿色食品加工产业链齐全，专业技术人员充足，电商物流发达，县委县政府还针对性出台了有关产业支持政策；二是平台承载能力大，新建一批标准化厂房，能够充分满足各类企业落户需求；三是土地要素充足，据统计，全县可用土地达 6000 亩；四是交通优势明显，境内拥有黄金水道 65 公里，G53 济广高速、347 和 246 国道穿境而过，合安九高铁快速通道已经建成通车，宿望宣城际铁路已被纳入安徽省“十四五”规划和 2035 年远景目标；五是营商环境持续提升，已成立县企业服务中心、金融服务中心等专门机构，率先启用“大综窗”改革并正式投入运行，可集中办理 1947 项行政审批事项，并融入长三角地区政务服务“一网通办”系统，实现长三角地区电子证互认共享，实现政务服务跨区域、跨层级办理。[②]

① 数据来自望江县各年国民经济和社会发展统计公报。

② 资料来源于望江县发改委。

三、集聚人力资源要素

从人力资源来看，近年来望江县不断加大人才招引力度，出台了“人才强县 18 条”“乡村人才振兴 39 条”等人才引进和使用的系列文件，通过高位推动、靶向施策、优化生态等举措，着力打造人才集聚高地，这些为望江县产业培育和发展提供了重要基础。特别是产业基础比较好，纺织服装和绿色食品加工产业链齐全，专业技术人员充足，这是望江经济发展的巨大优势。

望江县还重点做好人才的“引、育、留”工作，为全县创新发展提供人才支撑。数据显示，望江县现有入库统计人才 161493 名，其中在地人才 129178 名，在外人才 32315 名；县域内规划建成人才驿站 5 家，现有省级以上研发平台 9 家、市级以上研发平台 48 家，高新技术企业 26 家、技能大师工作室 7 家，① 为望江县经济社会创新发展提供人才动能。

四、发挥港口的要素聚集作用

水运，作为最重要的运输方式，是经济脉动的“晴雨表”，在国民经济发展中发挥着重要支撑作用。数据显示，在我国的综合运输体系中，水运的货物周转量比例最高，2022 年全国水运完成营业性货运量 85.54 亿吨，比上年增长 3.8%，完成货物周转量 121003.14 亿吨 / 公里、增长 4.7%。② 从运输成本看，单位货物周转

① 望江县人社局提供资料。

② 2022 年交通运输行业发展统计公报［EB/OL］.（2023–06–16）［2023–08–20］.

量水路平均运价约是公路的1/8、铁路的1/3。从运输效率看，水运不仅运能大，适宜中、长距离运输，还能完成高速、铁路无法实现的超长、超宽、超重等特大货物运输。作为最主要的货物运输方式，水运在大宗商品流通中占有举足轻重的地位，对产业链、供应链的稳定至关重要。[①] 特别是一个港口的建设，需要土地、资本、人才等多种生产要素的聚集，是生产要素发挥活力的重要载体。

水运兴则经济兴。有关研究表明，内河港口物流是城市经济增长的重要影响因素，同时产业结构的调整深受港口货物吞吐量影响，表明内河港口物流有力地促进了城市产业结构升级。[②] 从长远来看，港口物流是现代交通运输体系的重要组成部分，具有运量大、成本低的显著特点，能够有效降低港口地区生产和运输成本，促进港口物流与临港优势产业高效衔接和融合发展，提升地区对优势产业资本的投资吸引力。另外，货物吞吐量代表了经济活跃程度，港口物流能够在地理上带动港口上下游产业的空间集聚，从而促进港口的生产要素向优势产业的配置。[③] 因此，加快建设现代港口、发挥港口物流的综合功能，可以进一步优化区域产业结构，提升港口对区域经济的带动作用，加快生产要素聚集与合理分配，推动区域经济高质量发展。

---

① 安徽为什么说“沿江就是沿海”[EB/OL].（2023-12-11）[2024-01-20].《安徽商报》.

② 孟魁，李成标，张晨.港口物流、产业结构与城市经济发展——基于长江经济带的实证[J].统计与决策，2023（23）：123-127.

③ 孟魁，李成标，张晨.港口物流、产业结构与城市经济发展——基于长江经济带的实证[J].统计与决策，2023（23）：123-127.

因为濒临长江，县内河流网布，湖泊星罗，历史上望江人走南闯北的首选是水路交通。据史料记载，早在宋代以前，望江县华阳河入长江处就形成江湖船舶进出港口。船舶从长江进入华阳河向南，20 吨木帆船可常年穿行湖泊，直达太湖、徐桥、宿松及湖北黄梅等地，向东入望江河穿武昌湖经皖河可直达安庆。长江干流向西可到重庆，向东抵达上海港，再出海出境。在明清时期，因望江以及周边的宿松、太湖、潜山四地北面背靠绵延的大别山，与外界相通就只能依托望江的水运码头南出苏杭湖广。[①] 近千年来，虽经战事侵扰，长江客货运输时断时续，但华阳港一直都是长江中下游地区一条主要通航港口。1961 年，望江县决定向上级交通部门申请在华阳兴建 1 座农用客货大轮码头，通过交通部呈报国务院，最终 1964 年安徽省批准在华阳建港。[②] 由于独特的水运优势和地理条件，20 世纪 60 年代起，走江达海的华阳大轮码头引来了大量客流、物流，是望江经济活力的主要来源。随着沿江铁路、公路甚至航空建设步伐加快，长江客运固有的传统优势逐渐弱化，弃水择陆成为基本趋势，华阳港的功能不断弱化，望江也丧失了利用港口和水运发展经济、对外开放的优势。

为发挥港口功能，重振港口对于望江经济发展的促进作用，促进生产要素的聚集，2023 年 7 月，在中共望江县委十四届八次全体

---

① 探访望江华阳港：昔日繁华成追忆 今朝港口盼新生 [EB/OL].（2023-08-21）[2023-09-28].

② 探访望江华阳港：昔日繁华成追忆 今朝港口盼新生 [EB/OL].（2023-08-21）[2023-09-28].

会议上，望江提出“1+2+N”的发展构想，其中“1”就是把打造港口型开发区作为长期坚持的发展方向，引进一批依港而生的先进产业和现代物流业。打造港口型开发区在“1+2+N”的构想中处于全局性、引领性地位，是提质增速、动能转换的根本依托，通过发挥港口的重要作用，能够实现“1”与“2”和“N”之间的良性互动，实现以港口引项目、强园区、兴产业的长远目标。

从岸线资源来看，望江港区上起望江和宿松交界处，下至沟口闸，其中港口深水岸线6000米，非深水岸线3000米。近年来，望江县通过强力推动“散乱污”“非法码头”“一泊一策”码头等专项整治，有效释放岸线近1500米，陆域土地120亩，长江干线生态环境明显改善。从港口码头发展现状来看，望江县现有生产（经营）港口企业4家（望江县朗睿达港储有限公司、安徽省华阳港储有限责任公司、海螺集团海捷华阳水上服务区、江华船舶水上服务有限公司）、公务码头3家（华阳海事、华阳航道、赣皖执法基地）、水运企业1家（望江县华远轮船有限责任公司）、拥有运输船舶1艘、船舶修造企业1家（安徽神舟造船有限公司）。[①] 现有规范提升类码头4家（安庆港务总公司华阳港务站、望江县永红港口服务有限公司、望江县东航港口服务有限公司湖东码头、望江县华运港口仓储有限公司），码头主要为散货装卸，进口以黄沙、水泥及熟料、煤矿石料为主，出口以加工砂石料、农副产品为主。[②] 据统

① 决策网。

② 决策网。

计，近三年货物进出口吞吐量年均 110 万吨左右。[①] 从现有问题来看，望江县的港口建设主要存在以下三个方面问题。一是岸线利用效率低。岸线资源具有“稀缺性”的天然属性，是港口发展重要的物质基础。望江县拥有长江岸线 65.3 公里（其中约 10 公里被纳入安庆市皖河新港规划区），实际可规划利用岸线 54.2 公里，有可建港岸线资源 9000 米，其中深水岸线 6000 米、非深水岸线 3000 米。但截至目前，望江段岸线实际利用 665 米，其余均为预留港口岸线，使用率仅占可建港岸线资源的 7.4%，岸线资源闲置、使用效率低下等问题严重。二是港口建设制约多。根据交通部、国家发改委的有关规定，长江岸线利用审批程序多、要求高、难度大。望江县现有的华阳港口位于长江外护圩，配套设施不全、陆域狭窄，受长江洪水影响大，难以发挥更大作用。另因长江大保护及生态保护要求，新改扩建港口都面临规划调整、土地报批、生态红线避让等刚性要求，港口建设的难度较大。[②] 三是港口运营水平差。据前文所述，望江县现有港口经营企业 4 家，其中经营港口码头企业 2 家，港口装卸设备参差不齐，专业化水平不高，标准化程度较低。港区暂无铁水联运条件，与公路衔接不够紧密，特别是华阳船闸已废弃多年，华阳河水系等内河航运基本停滞，集疏运配套设施落后。目前港口主要以砂石料、农副产品运输为主，货物年吞吐量仅 110 万吨左右，港口运营效益不佳。[③]

---

① 决策网。

② 决策网。

③ 决策网。

针对现有问题，望江县将充分抓住2850米华阳港深水码头港口岸线资源，按照生态优先、统筹衔接、集约利用、港产协同、远近结合、科学合理的原则，重现千年华阳港繁华胜景。从优化升级的角度来看，望江县主要可以做好以下三个方面的工作。一是优化港口布局。要统筹空间分布与资源利用，按照功能互补、错位发展原则，整合现有资源，加大港口岸线开发利用力度，提升港口码头的专业化、规模化、集约化水平。二是重视协同发展。望江县要综合考虑港口布局、产业发展和园区发展间的协同关系，深化技术创新，推动港口与县域产业融合发展。努力增强港口对临港产业集群的辐射带动能力，促进港口物流与腹地产业耦合发展。三是提升综合运输能力。望江县要依托长江水运优势，促进大宗散货以水代公进行中长距离运输，加强水路与公路、铁路等运输方式相结合，促进多式联运，提高港口物流的中转能力，增强生产要素的集聚效应，还可以依托港口和城市历史文化，推动水运与旅游业深入融合，创新航运业态，促进港城协同发展。①

① 孟魁，李成标，张晨．港口物流、产业结构与城市经济发展——基于长江经济带的实证［J］．统计与决策，2023（23）：123-127.

第三章
坚持走好绿色发展之路

第一节　抓好长江生态大保护

2016 年 1 月 5 日，习近平总书记在推动长江经济带发展座谈会上强调，当前和今后相当长一个时期，要把修复长江生态环境摆在压倒性位置，共抓大保护，不搞大开发。望江县地处安徽省西南边缘、长江中下游北岸，长江从周湾入境，自漳湖出境，望江县坐拥岸线 65.3 公里，境内华阳河、宝塔河及武昌湖等纵横交错。近年来，望江县深入贯彻上级党委、政府关于加强生态文明建设和共抓长江大保护的决策部署，通过推进重点污染源深度治理、推进河湖生态保护与修复、推进城乡水环境综合治理和建设美丽滨江生态景观带，推动“一江碧水向东流的盛景”在望江早日呈现。

一、贯彻落实十年禁渔政策

2020 年 12 月，安徽省农业农村厅发布通告，宣布长江干流（安徽段）及其重要支流除水生生物保护区以外水域，自 2021 年 1

月1日0时起，暂定至2030年12月31日24时实行常年禁捕，其间禁止天然渔业资源的生产性捕捞。至此，长江干流（安徽段）及其重要支流实现了全面禁捕。望江县则从队伍建设、科技融合、专项行动、依法治理和联合执法五方面推进全面禁捕工作。

一是整合资源，实现“一支队伍管长江”。望江县率先统筹执法资源，整合渔政、采砂、港航海事管理三部门执法力量，成立长江综合行政执法大队，开启依法管江治江新模式。二是融合科技，筑牢禁捕监管防线。建立领导班子带头、全体执法人员循环排班，实行7×24小时不间断巡查机制。与此同时，推动渔政信息化建设，构建起以小目标雷达、多光谱高清光电为主要探测手段，监控、无人机、船艇、车辆系统联动的信息化监管系统，建立“空天水岸”的立体执法监管体系。三是开展“打击长江流域非法捕捞和违规垂钓”等五大专项整治行动，坚持在深度上从打击非法捕捞和违规垂钓向斩断非法捕捞、运输、经营的产业链延伸，在范围上从长江干流向偏僻水域、江心洲、商货船等隐蔽处延伸。四是分类施策，提升依法治理能力。出台《望江县天然水域垂钓管理办法（试行）》，划定一批垂钓区，尽可能满足垂钓爱好者的不同需求。根据案卷评查汇总，按钓具结构、捕渔原理、危害程度等，结合实际情况，依据相关法律法规，将禁渔区内的钓鱼行为进行分类处理，推动渔业执法工作更加科学化、人性化。五是联合执法，不断强化协同联动。召开边界水域执法联席会议、签订联合执法协议，加强县际交界水域的定期联动执法，切实形成打击治理合力，避免出现交界、共管水域禁捕执法监管空白。

2020年以来，累计投入50余亿元打造骨干水利工程和数千口当家塘。畅通武昌湖、泊湖和华阳河等水系，重塑河湖水生态，提高水体流动性和自净能力。开展河湖生态健康评价，实施华阳河蓄滞洪区、武昌湖沉水植物种植等一批水生态恢复项目。全面落实长江流域禁捕退捕工作，加强长江生物种质资源保护，持续实施增殖放流活动，累计投放草鱼、鲢鱼、鳙鱼近4000万尾，长江望江段频现江豚戏水场景，长江大保护初见成效。

二、推进重点污染源深度治理

一方面，望江县重点治理沿江、沿湖和沿河涉污企业。科学划定沿江1公里、5公里、15公里三道生态防线，至2021年6月，完成关闭搬迁金泉药业、华威油脂、万盛精细化工3家沿江化工企业，对江排污口彻底关闭，并发放4300万职工工资及相关补偿资金等。规范提升华阳河沿岸1公里范围内94家畜禽养殖场，武昌湖禁养区内11家畜禽养殖场关闭搬迁到位，限养区内严格控制畜禽养殖场数量和规模。望江县同时完成已拆除的同德码头、喜祥修船厂、百盛板材等6个项目的复绿工作，整改规范不符合涉河建设方案许可办理规定的项目7个。另一方面，望江县突出工业企业水污染防治，加大清洁生产推行力度。完成8家重点工业企业清洁生产审核验收，整治“散乱污”企业140多家。强化工业企业特征污染物预处理，望江县涉水工业企业建成废水治理设施40余套，重点排污单位完成“三个全覆盖”。近3年，投入3.5亿元改造修复雨污管网90余公里，县污水处理厂提标改造后污水处理能力达到

7万吨/日，“接管入厂”使工业污水应收尽收。全面推进入河排污口整治，完成长江干流206个排污口命名、编码和分类登记工作，依托排污许可证制度，建立“水体—入河排污口—排污管线—污染源”全链条水污染物排放管理体系。

与此同时，望江县推进城区截污纳管、清淤扩湖、底泥修复、水系连通、补水活水工程，实施“一河两湖”综合治理工程，加快“三路一渠”建设。将县城备用水源地岚杆湖原水引到县城区，解决城区部分沟渠水体不流通问题，巩固“一城活水”生态美景。加强农村生活污水治理，融资2.54亿元，完成望江县乡镇政府驻地生活污水处理设施提质增效。累计发行地方专项债券1.4亿元，完成13个行政村农村生活污水治理、10个行政村农村环境综合整治和12条农村黑臭水体治理任务。

望江县联合安庆师范大学编制《望江县长江岸线生态保护和绿色发展规划》，出台《望江县支持市场主体纾困稳定经济增长政策二十条》，持续推进县经济开发区循环化改造，引导鼓励支持企业开展绿色化改造和升级。工业“三废”排放总量、万元工业增加值综合能耗持续降低。有2家企业获得“国家级绿色工厂”称号，1家企业获得“省级绿色工厂”称号，获得国家级绿色产品2个，进入省节能环保“五个一百”推荐目录30项。

三、保防并举，全面优化水生态环境

为加强安庆市江豚自然保护区望江段生态环境保护和修复，望江县成立由县委书记、县长任双组长的望江县推动长江经济带发展

领导小组，深入实施长江（望江）经济带水清岸绿产业优新一轮提升工程，出台《安庆市江豚自然保护区生态环境保护和修复工作方案》《安庆江豚省级自然保护区监督管理联席会议工作制度》等规范性文件及相关工作督察、法治保障、宣传等方案 11 个，县人大常委会、县政协聚焦污染防治攻坚战和长江大保护开展法律监督和民主监督，纪检、组织、宣传、政法等政治保障进一步强化，县人民检察院加强生态环保公益诉讼，县人民法院设立环境资源审判庭，长江生态环境保护大格局初步形成。

为加强湿地保护，望江县人民政府设立武昌湖湿地保护中心，为对湿地、湖面生态管控开展常态化、制度化管理，并将湿地保护纳入林长制、河（湖）长制内容，专职履行湿地保护管理职能。同时，高标准编制《安徽望江武昌湖省级自然保护区总体规划》《安徽望江武昌湖自然保护区科学考察报告》和宣传影像资料，大力实施武昌湖湿地及生物多样性保护工程，确保生态功能不降低、面积不减少。目前，武昌湖被誉为湿地水禽遗传基因保存库和“候鸟天堂”，武昌湖湿地保护区正在申创国家级自然保护区和国际重要湿地。

实施长江岸线生态景观廊道跨区域一体化建设，推进长江望江段、华阳河、宝塔河、武昌湖、新漳河、北部沟等湖库河渠水体沿岸绿化生态保护修复，望江县骨干河流绿化率达 97.83%。着力打造宝塔河休闲景观带、滨江生态景观带和华阳河生态景观带。褒隐寺水库成功创建省级幸福示范河湖，创建市级幸福河湖 100 处。

望江县水生态环境质量稳中向好，华阳河入江口国控考核断面水质近两年均达到地表水Ⅱ类水标准，武昌湖国控考核断面水质达到Ⅲ类水，获得 2021 年地表水断面省级生态赔偿金 250 万元。在武昌湖率先试点大水面种植沉水植物，加强长江生物种质资源保护，持续实施增殖放流活动，累计投放草鱼、鲢鱼、鳙鱼近 4000 万尾，设立长江江豚保护点，长江望江段水域再现江豚戏水喜人场景。

第二节　厚植森林资源大优势

地处长江中下游北岸的望江县，现有林地面积 20.97 万亩。为深化新一轮林长制改革，望江县坚持以“生态优先、绿色发展”理念，多措并举，将发展林业新兴产业作为加快农村产业结构调整、实现林业跨越式发展的重要抓手，强化木本油料林建设助力乡村振兴，并取得成效。截至目前，望江县木本油料面积 7.25 万亩，其中油茶 4.02 万亩、薄壳山核桃 2.62 万亩；木本油料种植、加工企业 61 家，其中省级龙头企业 3 家、市级龙头企业 1 家，农民专业合作社 20 家、家庭农场 16 家。

一、林业发展高起点规划

木本油料作为支柱产业发展。望江县人大常委会批准实施《望江县林业产业发展规划（2016—2025 年）》，县政府相应出台《望江县木本油料基地建设近期实施方案》，细化目标任务；通过油茶、薄壳山核桃等木本油料产业发展带动贫困地区群众脱贫致富。望江县有 115 个村涉及 41633 户农户已开展“三变”改革工作，共量化村级集体经营性资产 21337.07 万元，设置股权 59.8782 万股，培育引进承接经营主体 172 个，经营项目 193 项。出台《望江县推深做实林长制改革促进林业经济高质量发展奖补政策》，支持发展绿色富民产业。对当年新建成片面积 50 亩以上的，奖补 1200 元 / 亩；50 亩以下 1 亩以上的木本油料基地补助 600 元 / 亩，同时对当年发展木本油料基地 100 亩以上的予以奖励。

二、林业体系高标准建设

以“双招双引”推动产、学、研一体化科技合作机制，实施科技创新项目，印发《望江县林业科技服务平台建设方案》，一面抓木本油料产业发展，一面抓科技深度融合。强化科技支撑，统筹协调发展，在薄壳山核桃林下套种艾草，提高林地利用率，实现以短养长；优化调整产业结构，引导剩余劳动力向第二、三产业转移，先后与安徽省农业科学院农业工程研究所、中国林科院林化所签订合作协议，建成林业科技示范区，着力构建望江县绿色发展产业体系，促进林业经济高质量增长。

三、林业经济高水平管理

创新思路开发新险种，针对林农油茶籽收储难、销售难、价格低的情况，该县引领突破，抢抓木本油料提质增效大文章，拓宽林业保险承保面，探索开展油茶价格指数保险试点，破解望江县林农增产不增收难题，保护林农生产积极性。创新油茶籽价格指数保险举措，通过政府买单伸援手，由原来的“面积奖补”提升至“价格保险”，提升供保能力，实现“资金投入 + 主体投保”模式，探索建立全省木本油料产业发展价格保险试点总结和借鉴农业保险成功经验，结合望江县油茶生产实际，制定《2022 年度望江县油茶籽价格指数保险方案》，油茶籽（鲜果）价格指数保险定价 1.5 元 / 斤，油茶籽 5—8 年的每亩保险金额为 780 元，8 年以上的每亩保险金额为 1560 元；保险费率及政府补贴比例为，保险费率为 6%，即种植 5—8 年的油茶籽保险金额为 46.8 元 / 亩，种植 8 年以上油茶籽保险金额为 93.6 元 / 亩，县财政补贴 70%，农户自缴 30%。明确投保对象、保险责任、保险规模、保险费率及政府补贴比例、保险期限、赔偿处理、减免责任等事项，实现保产能、稳生产、促供给，加强生产经营管理，保护广大林农利益，巩固木本油料发展成果。

望江县聚焦政策扶持和林长能力提升，统筹实施“六大森林行动”，真抓实干推动林业经济高质量发展。按照“因地制宜、适地适树”的原则，构建优质高效的林长示范责任区，精心打造林长制改革“示范先行区”，积极推行“林长 + 检察长”“林长 + 警长”协作机制显成效，涉林犯罪案件明显下降。实现“功能区 + 任务 + 林长”网格化无缝衔接；充分发挥村党总支书记作为村级林长的“主心骨”作用，打造“一村一品”，探索森林生态产品价值实现，形成生态效益、社会效益和经济效益的有机统一，助力乡村振兴。

第三节　推动农业产业绿色发展

一、农业与渔业绿色发展

望江县立足实际，不断探索和推广“稻虾连作”“藕虾共养”和“稻蟹共生”等绿色生产模式。

漳湖镇围绕国家级农业产业园建设，坚持“一村一策”，根据各村的班子现状、村集体经济状况、特色农业基础等实际情况，引导农户有序流转土地，成立农民专业合作社，实现集体经济快速增长，加速农业转型升级。“我们充分发挥党支部领办合作社的‘领头雁’作用，以点带面、示范引领，让农民有事干、有钱挣，助力乡村振兴。”（漳湖镇党委书记曹波）漳湖镇六合村立足实际、因地制宜，加大土地流转力度，引进“藕虾生态互补共生模式”项目，让一亩地产出双份收益，打造村里的富民产业。漳湖镇现有藕虾综合种养基地面积2000亩，年产值达700万元。“藕虾共养”不仅带来不错的经济效益，也带来良好的社会效益，项目帮助当地100多名农户解决就业。农户月均收入约2000元，村民孙登明就是其中一员，他将6亩多土地流转给合作社，同时在合作社务工，一手拿租金，一手拿工资，收入可观。

太慈镇六零圩村位于望江县域中东部，东临长江北岸，北滨武昌湖，地处平原圩区，水源充沛，土壤肥沃，有着小龙虾成长的天然优势。近年来，六零圩村大力发展稻虾综合种养产业，实现经济生态效益双赢。“从项目落地到完成千余亩农田改造，仅用了一个多月的时间。”（村民余节军）在政府部门的帮助下，土地流转顺利，优秀的自然条件和经营环境，让他对在六零圩村发展稻虾产业信心满满。余节军介绍，“稻虾连作”是一种绿色种养新模式。上半年放养小龙虾，下半年连种一季水稻，水稻秸秆直接还田，给下一季的龙虾苗提供大量的生物饵料，不仅有效解决秸秆处理难题，还能保证产出的小龙虾更加环保。目前，六零圩村“稻虾连作”种养总面积达 5000 余亩，平均亩产稻谷 550 公斤、龙虾 150 公斤，纯利润每亩达 2500 元，全村稻虾产业产值达 1250 万元，已成为这个村农业产业中的一项支柱性产业。

二、畜牧业绿色发展

特色种养业也在望江得到较快发展。2016 年，徐鑫旺投资 600 多万元在六零圩村成立了湖羊养殖专业合作社。他介绍，湖羊不挑食，性格温顺，产崽多、肉质好，生长发育快，从出生到出栏仅需 8 至 10 个月，很适合规模化养殖。“一开始遇到资金问题，政府给予补助，之后遇到养殖技术不成熟，政府还派农业技术人员上门指导，这给了我们养殖户很大的动力。”（养殖户徐鑫旺）通过科学养殖，目前，养殖基地的大尾湖羊已从一开始的 100 余头增长到 500 余头。“下一步，我准备继续培育基础母羊，进一步扩大养殖规模，带动更多村民就业增收。”（养殖户徐鑫旺）规模养殖离不开大量饲料供应，而养殖基地的饲料就来自当地一家莲藕种植基地。莲藕加工后产生的下脚料等废渣，企业提供给周边农户作为禽畜的饲料。“这既给村里的养殖业节约了成本，也帮助企业处理了生产加工后的垃圾，节约运输成本，形成了多方受益的局面。”（莲藕加工厂负责人孙斌）六零圩村有许多天然形成的连片水洼，六零圩村因地制宜，探索“鱼鸭混养”的立体养殖模式，不仅高效利用了自然资源，同时也带动了当地农民增收致富。“鱼鸭混养”是指水上养鸭、水下养鱼的立体养殖模式，一方面鸭子的活动可为鱼塘增氧，改善鱼塘生态系统，节约人力成本，有利于鱼类生长；另一方面鸭子有了活动场地，生长环境更加健康，肉鸭品质得到提升，产蛋效率也得到提高。“每到稻谷收割的尾声，我就赶着自己的鸭子去稻田里活动，一些落在田间无法收割的稻谷就是鸭子的美食，既节约了粮食，还带来了经济收益，真是一举两得。”（养殖场负责人徐必瑞）该养殖场全年可养殖肉鸭 1 万余只，产蛋 200 万枚以上，再加上有鱼塘和稻谷带来的收入，他们一家的生活过得红红火火，有滋有味。

此外，六零圩村还结合自身优势，修建精养鱼塘 2000 余亩，流转给当地及周边的专业养殖人员，让他们进行日常养殖及鱼塘维护。精养鱼塘主要养殖草鱼、青鱼、鲫鱼、青虾等优质水产，平均每年创收 600 余万元；建成精品蔬菜基地 200 亩，专门供应给农副产品配送有限公司，由公司负责蔬菜的分拣、销售和配送；村集体联动各专业户，流转承包土地，种植精品蔬菜 100 余亩；草莓、火龙果等水果种植基地 100 余亩。传统种植业包括水稻 6000 亩、油菜 2000 亩、小麦 6000 亩、黄豆 2000 亩、玉米 2200 亩，也在蓬勃发展。

望江县全面贯彻落实乡村振兴战略，着力培育新动能、打造新业态，立足乡村特色，深挖乡村潜力，盘活乡村资源，紧抓富民产业，以产业振兴为抓手，打通“绿水青山”就是“金山银山”的转化通道。农产品绿色种植带动了人才回流。被家乡好土、好水、好政策吸引回来的退伍军人邓忆文，通过土地流转承包了家乡河边滩地 1000 余亩发展“稻虾共生、藕虾混养”，年收入预计可达 280 余万元，带动了周边 50 余户农户就近就业。漳湖镇充分利用水土资源优势，坚持绿色发展，在产业规划、用地、税收、资金、培训等方面，进一步优化扶持政策，加强精细服务，用宜居宜业的好环境引“雁”归来，促进了农业增效、农民增收。

第四章
坚持推进重点改革突破

第一节　整合优化行政管理体制

一、行政职责整合

（一）优化政府职能结构

望江县通过梳理政府职能，明确政府职责边界，优化政府组织结构，实现政府职能的科学化、精细化和规范化。在此基础上，推动县政府职能向公共服务、社会管理、行业监管等方向转变，提高政府服务质量和水平。

在公共服务方面，县政府加大投入，优化服务平台，提高服务效率。同时，完善公共设施和加强社会保障，提升居民生活品质。在社会管理方面，县政府激发社会组织活力，加强社区建设，提升社会治理水平。在行业监管方面，强化对市场主体的监管，维护公平秩序。推进诚信体系建设。为确保实施，县政府完善政策法规、培训宣传工作，并接受社会监督，推进政务公开和阳光政府建设。

（二）深化行政审批制度改革

望江县进一步减少和规范行政审批事项，优化审批流程，推进审批信息共享，提高审批效率。行政审批制度改革有助于激发市场活力、创新社会管理，促进经济社会持续健康发展。

首先，减少和规范行政审批事项，企业和个人在办理行政审批事项时，需要提交的材料、跑腿次数明显减少，从而节省时间和精力。其次，优化审批流程，提高审批效率，通过简化审批环节，缩短审批时限，提高政府部门的工作效率。再次，推进审批信息共享，有助于提高政府治理能力。信息共享可以实现政府部门之间的数据互联互通，避免重复提交材料，减少审批过程中的烦琐环节。同时，审批信息的公开透明，有利于加强对权力的监督，防止腐败现象的发生，提高政府公信力。

（三）强化政府部门间协调配合

望江县完善部门间协调机制，提高政府整体效能。加强部门间协作，有助于解决政策执行过程中出现的推诿、扯皮等问题。

望江县优化政府部门间的协调机制，打破“条块分割”现象，实现资源与信息的共享和互通，提高政府工作效率，推动政策的有序执行。为加强部门间沟通与合作，望江县采取建立联席会议制度和联络员制度等措施，还利用信息化手段建立政务服务平台，简化办事流程，提高政府工作效率。在扶贫工作中，望江县加强部门间的协作与配合，共同推进多领域的扶贫工作，确保扶贫资源的合理配置与利用。此外，望江县还加强与其他地区的交流与合作，成功打造一批跨部门协作的典型案例，为其他地区提供经验和启示。

（四）推进大部制改革

望江县政府在大部制改革中，对政府部门进行整合，减少管理层级，提高政府执行力。通过对相关部门进行合并，实现资源共享、优势互补，增强政府对外部环境变化的应对能力；明确政府职能定位，强化政府公共服务职能。加大对教育、医疗、住房、养老等民生领域的投入，切实提高人民群众的生活水平；创新政府管理手段，推进政府治理能力现代化。充分利用现代信息技术，提高政府决策的科学性、民主性，提升政府治理水平；强化政府党风廉政建设，打造廉洁政府。严明党纪国法，加强政府官员廉洁教育，严肃查处违纪违法行为。

二、行政管理机构优化

（一）减少行政机构层级，提高效率

望江县政府在推进大部制改革的过程中，积极优化行政管理机构，减少行政机构层级，提高政府工作效率。首先，对政府部门进行整合，撤销部分重复职能的部门，优化政府组织结构，降低行政成本。其次，简化管理层级，减少决策与执行之间的距离，提高政府执行力。

望江县不断推进政府机构改革，优化行政审批流程，为企业和群众提供更加便捷高效的服务。政府机构职能配置进一步厘清，精简各类办事环节620个，减少权力事项540项。通过精简办事环节、减少权力事项，政府机构职能配置更加清晰，权力运行更加规范。

（二）推行权责清单制度，健全机构标准化建设

望江县全面推行政府权责清单制度，健全各类清单体系，推动清单制度规范化、标准化建设，加快构建政府权责清单制度体系。

一方面，望江县不断完善权责清单的编制工作，确保清单内容全面、准确、清晰。在此基础上，加强对权责清单的动态调整，使之与政府职能转变、政策法规修订等相适应，提高清单的实用性和时效性。

另一方面，望江县强化权责清单的实施与监督，确保各级政府部门按照清单行使权力、履行责任。通过加强内部审计、公开政府决策过程和结果等方式，提高政府权力运行的透明度，自觉接受社会监督，促进政府职能转变和治理能力提升。

此外，望江县还积极推进政府与市场、政府与社会的权责划分，激发市场活力和社会创造力。通过深化"放管服"改革，简化行政审批流程，降低市场准入门槛，为企业和群众提供更加便捷、高效的服务，营造国际一流的营商环境。

（三）望江县完善干部人事制度，提升干部管理水平

1. 加强干部选拔任用制度建设

望江县坚持以能力为导向，完善选拔任用机制，注重选拔优秀年轻干部，优化干部年龄结构，确保人才队伍充满活力。同时，严格干部选拔任用程序，落实干部选拔任用工作全程纪实制度，强化选人用人监督，确保用人公平公正。

2. 推进干部教育培训制度改革

望江县紧紧围绕提升干部素质和能力，实施分层分类培训，强

化干部教育培训的针对性和实用性。同时，创新培训方式，充分利用网络信息化手段，开展线上线下相结合的培训，提高干部教育培训的质量和效果。

3. 完善干部考核评价制度

望江县建立以实绩为导向的干部考核评价体系，突出考核政治纪律和政治规矩，注重考核干部的工作作风和群众满意度。同时，优化考核方法，减少形式主义、官僚主义，使干部能够更好地聚焦本职工作，提高政府工作效率。

4. 强化干部激励约束机制

望江县完善激励措施，鼓励干部敢于担当、善于作为，为改革发展贡献力量。同时，加大惩戒力度，对不担当、不作为、乱作为的干部严肃问责，营造风清气正的干事创业环境。

5. 加强干部监督制约机制

望江县健全干部监督网络，加强对干部的日常监督，发现问题及时提醒、纠正，防止小问题变成大问题。同时，严格干部选拔任用、考核评价、财务管理等方面的制度，规范干部行为，防止权力滥用。

6. 强化人才队伍建设

望江县实施人才强县战略，优化人才政策体系，加大对高层次人才的引进和培养力度，激发人才创新创业活力。同时搭建人才发挥作用的平台，推动人才优势转化为发展优势，为县域经济发展提供强大智力支持。

三、推动构建服务型政府

（一）建立健全政府信息公开制度

望江县建立健全政府信息公开制度，旨在提高政府工作透明度，促进政府与民众的沟通与互动。近年来，我国政府高度重视政务信息公开，将其作为深化党风廉政建设、推进全面从严治党的一项重要举措。望江县积极响应国家号召，不断创新和完善政府信息公开制度，为民众提供更加便捷、高效的政务服务。（图 4-1）

图 4-1　望江县信息公开界面示例

一是完善信息公开目录。望江县根据国家政务信息公开要求，制定详细的政府信息公开目录，明确公开事项、公开内容、公开时限等，确保政府信息公开的全面性和准确性。

二是加强信息发布平台建设。望江县充分利用现代信息技术手段，搭建政务信息公开平台，通过县政府门户网站、政务微博、微信公众号等多种渠道，及时发布政府信息，方便民众查询和了解政府动态。

三是规范信息发布流程。望江县制定信息发布流程图，明确信息发布的主体、流程、时限等，确保政府信息公开的规范性和时效性。

四是拓展信息公开领域。望江县积极推进财政预算、公共资源配置、重大建设项目、社会公益事业等领域政府信息公开，让民众更好地监督政府工作，提高政府公信力。

五是加强信息公开培训。望江县定期组织政府信息公开培训，提高政府部门及工作人员的信息公开意识和能力，确保政府信息公开工作的顺利推进。

六是健全信息公开监督机制。望江县建立健全政府信息公开监督机制，加强对政府信息公开工作的监督检查，确保政府信息公开工作的深入开展。

（二）加强对政府工作的监督和约束

望江县加强对政府工作的监督和约束，不仅对政府部门的工作提出更高的要求，也为广大人民群众提供更加公平、公正、透明的公共服务。为确保政府工作真正惠及民生，望江县采取以下几个方面的措施。

1. 完善政府权力运行机制

望江县通过建立健全决策、执行、监督相互制约的权力运行体系，确保政府权力在阳光下运行。加强对政府部门的绩效考核，以民生改善、经济发展、社会稳定等方面为主要考核指标，推动政府部门切实履行职责。

2. 深化政务公开

望江县积极拓展政务公开领域和范围，重点推进财政预算、公共资源配置、重大建设项目等方面的信息公开，让人民群众充分了解政府工作的情况，提高政府工作的透明度。

3. 强化审计监督

望江县加强对政府财政收支、政策执行、项目实施等方面的审计监督，揭示存在的问题，依法追究相关责任人的责任，确保政府资金的安全和有效使用。

4. 发挥人民代表大会制度优势

望江县加强县人大的监督作用，组织人大代表对政府工作进行定期检查，听取政府工作报告，就政府工作中的问题提出建议和批评，确保政府工作符合法律法规和人民群众的根本利益。

5. 加强群众监督

望江县鼓励广大人民群众积极参与政府工作的监督，设立举报投诉渠道，及时受理群众的举报和投诉，对政府工作中的问题进行整改，回应人民群众的期盼。

（三）强化政府服务意识

1. 建立统一的政府服务标准，提高政府服务质量和效率

望江县政府积极搭建服务平台，通过互联网 + 政务的方式，实现数据多跑路，群众少跑腿。此举极大地提高政务服务效率，让群众享受到更加便捷的政务服务。

望江县政府制定一系列政策，鼓励政府部门之间的协作，实现

资源共享，提高政府服务水平和质量。通过政策引导，各部门之间的沟通与合作得到加强，从而为人民群众提供更加高效、便捷的政务服务。

望江县政府还对公务员队伍进行培训和激励，提高公务员的服务意识和能力。通过开展专业化、精细化的培训，公务员队伍的服务水平得到提升，为人民群众提供更高质量的政务服务。同时，政府还建立健全激励机制，鼓励公务员创新服务方式，激发工作积极性。

望江县政府还注重倾听民意，通过设立意见箱、热线电话等渠道，及时了解群众需求，调整政府服务方向。政府高度重视民众的诉求，对群众反映的问题迅速回应，积极解决，做到为民办实事、解难事。

2. 深化“互联网 + 政务服务”

为进一步提升政务服务水平，望江县采取一系列创新措施。依托全国一体化政务服务平台，全面推进“一网一门一次”改革，将“不见面”办事作为工作重点。同时，望江县积极响应安庆市 7 × 24 小时“不打烊”随时办服务，推动线上“一网通办”、线下“只进一扇门”，深化“最多跑一次”改革，让办事更快捷、服务更优质。

此外，望江县还以一体化的思路和举措打破行政壁垒、提高政策协同，推动与长三角“一网通办”平台的衔接贯通。通过全力实现“事项通、数据通、证照通、窗口通”，让要素在更大范围畅通流动。这些举措旨在提高政务服务效率，优化营商环境，为企业和群众提供更加便捷、高效的政务服务。

在技术手段方面，望江县积极运用互联网、大数据、人工智能、区块链等先进技术手段进行行政管理，推进政务服务标准化、规范化、便利化。通过深化政务公开，加强信息共享和数据互通，不断提升政务服务水平，为企业和群众提供更加透明、高效的政务服务。

3. 构建亲清新型政商关系

望江县纵深推进“双四”行动，必须始终坚持“为自己人办事就是办自己的事情”的观念。要求各级领导干部把民营企业的需求和发展作为自己的事情来对待，积极解决民营企业面临的各种问题。建立健全常态化政企沟通服务机制，包括定期召开政企座谈会、建立企业服务热线、推行领导干部点对点联系重点民营企业制度等措施。通过这些机制，及时了解民营企业的诉求，加强政策宣传和解读，推动政策落地生根。

在解决民营企业面临的问题方面，资金、技术和用工是三个最为突出的问题。望江县建立民营企业融资服务平台，提供贷款、担保等金融服务；支持民营企业技术创新，提供技术转移转化、知识产权保护等服务；加强职业技能培训和人才引进，提高劳动力的技能水平和素质。

弘扬新时代优秀企业家精神也是促进民营经济发展的重要方面。望江倡导诚实守信、创新创造、团结协作等优秀企业家精神，鼓励企业家勇担社会责任，积极参与公益事业和扶贫济困等活动。同时，要依法平等保护民营企业产权和企业家合法权益，让企业家能够安心创业、放心发展。

为进一步激励民营企业的积极性和创造力，望江可以开展优秀民营企业和民营企业家评选表彰活动。通过评选表彰，可以树立一批具有代表性的优秀企业和企业家，发挥示范引领作用，激发全社会的创新创造活力。

第二节　深化创新“放管服”改革

一、营造良好营商生态环境

（一）注重高效化市场审批

望江县在近期取得显著的发展成果，其中最为引人注目的是各类市场主体的快速增长。据统计，望江县新增市场主体达到 1.36 万户，这一数字充分展现当地经济发展的活力和潜力。为进一步优化营商环境，望江县在多个方面进行改革和创新。

在政务服务方面，望江县积极推进“放管服”改革，旨在简化行政审批流程，提高办事效率。其中，不动产交易、纳税、登记等业务的办结时限被压缩至 2 个工作日以内，这为企业和个人提供极大的便利。通过这一举措，望江县有效地降低企业和个人的运营成本，提高市场活力。

在企业开办方面，望江县也取得重大突破。通过一系列的改革措施，企业开办时间已经缩短至 1 个工作日。这意味着企业在当地开办所需的时间大大减少，从而加速企业的成立和运营。这一改革不仅减轻企业的负担，还激发更多人创业的热情和动力。

此外，望江县还针对工程建设项目审批流程进行优化。通过整合资源、简化流程等措施，全套审批流程已经缩减至 75 个工作日。这一改进极大地提高工程建设项目审批的效率，为项目建设节约宝贵的时间。这不仅有助于加快工程进度，还有助于降低因延误造成的额外成本。

除以上措施，望江县还积极打造“企业服务日”品牌。这一品牌旨在为企业提供更加贴心、专业的服务，帮助企业解决实际困难和问题。通过建立企业与政府之间的沟通桥梁，望江县努力营造亲商、安商、富商的良好氛围。通过不断优化营商环境，望江县为市场主体提供更好的发展平台，也为区域经济的繁荣打下坚实基础。

（二）建立清欠营商环境指标提升举措

望江县印发一份名为《望江县创优营商环境对标提升举措（2023 年）》的文件，旨在进一步优化该县的营商环境，提升企业竞争力。这份文件明确提出以县科经局牵头、各乡镇按职责分工负责的工作体系，为保障中小企业权益提供有力的制度保障。

文件中强调“深入开展拖欠中小企业账款行为治理，加大企业投诉办理力度，落实拖欠中小企业账款强制披露制度”等具体措施，以确保中小企业在经营过程中能够得到公平、公正的待遇。这些措施的实施，将有助于解决中小企业在经营过程中面临的困难和问题，进一步激发市场活力，促进经济发展。

为实现这一目标，望江县将采取一系列的措施。首先，加强组织领导，建立健全工作机制，确保各项工作得到有效落实。其次，加大宣传力度，提高全社会对营商环境重要性的认识，形成共同参与的良好氛围。最后，加强监督检查，对工作推进不力的单位和个人进行问责处理，确保工作取得实效。

（三）实行常态化清欠工作机制

2023年，望江县对各季度拖欠民营企业账款的情况进行常态化摸排。这项工作的开展，不仅有助于全面了解当地民营企业的债务状况，而且也有助于发现并解决潜在的问题。通过持续的摸排和清理工作，县政府确保未发现新增拖欠民营企业账款的情况，这无疑为民营企业的健康发展提供了有力保障。

在具体操作上，望江县采取多种方式来推进这一工作。首先，县政府通过各乡镇政府、县直各部门和望江县经开区等渠道，对各自辖区内的拖欠民营企业账款情况进行详细了解。这一过程中，县政府特别注重与民营企业的沟通和协调，以获取最直接、最真实的信息反馈。

其次，望江县还通过数据分析来发现问题。通过对历年来的债务数据进行整理和分析，县政府能够准确把握债务变化的趋势和特点，从而为制订更加精准的解决方案提供数据支持。此外，县政府还积极引入第三方机构进行审计和评估，以确保数据的真实性和准确性。

在解决拖欠中小企业账款问题上，望江县不仅注重短期内的清欠工作，更着眼于建立长效机制。县政府通过加强制度建设、完善法律法规等方式，为解决这一问题提供坚实的制度保障。同时，县政府还鼓励民营企业加强自身管理，提高风险防范意识，从根本上减少债务纠纷的发生。

值得一提的是，望江县在解决拖欠中小企业账款问题的过程中，还特别注重与各级政府部门的协同配合。通过与上级政府、相关职能部门以及兄弟县市的沟通与合作，望江县汇聚更多的资源和力量，共同推动问题的解决。这种跨部门、跨区域的合作模式，不仅提高工作效率，而且也有助于形成更加全面、系统的解决方案。

最后，为提高全社会对这一问题的关注度，望江县还积极开展宣传教育工作。县政府通过媒体、网络等多种渠道，向社会广泛宣传拖欠中小企业账款的危害性，呼吁全社会共同关注和参与解决这一问题。通过这些宣传教育工作，望江县不仅增强了民众的法律意识和社会责任感，而且也为推动问题的解决营造了良好的社会氛围。

二、促进民营经济发展壮大

（一）突出抓产业，全力促进转型发展

1. 积极壮大优势产业

望江县拥有纺织服装产业的传统优势，为进一步扩大这一优势，望江县按照“1+2+N”的发展思路，大力培育和壮大纺织服装产业集群规模。全县纺织服装企业数量已达到 1014 家，其中规模以上企业有 46 家。这些企业在主营业务收入方面表现优异，其中超 20 亿元的企业有 1 家，超 10 亿元的企业有 2 家，亿元以上的企业有 6 家。全县纺织服装从业人数已达 20 余万人，形成完整的产业链。为加强产业链的协同效应，望江县成立纺织服装产业链工作专班和纺织服装行业协会，积极开展上下游供需对接活动。目前，望江县拥有环锭纺 34.5 万锭、气流纺 2.5 万头、织机 2000 余台、

印染 1.5 万吨、服装生产加工设备 3 万台（套）。这些设备和产能可以确保望江县年轧花 10 万吨、生产纱线 13.4 万吨、服装 5 亿件的生产能力。这表明望江县已经逐渐形成纺织服装全产业链，为进一步扩大产业规模和提升产业竞争力奠定坚实基础。

2. 致力做强主导产业

装备制造业是望江县三大主导产业之一，近年来取得显著的成绩。2022 年，全县规模以上装备制造业企业数量达到 21 家，完成产值 6.57 亿元，同比增长 37.6%，高于全县规模工业平均增速 61.6 个百分点。2023 年 1—9 月，规模以上装备制造业企业数量进一步增加至 27 家，完成产值 6.28 亿元，同比增长 84.5%，高于全县规模工业平均增速 75.0 个百分点。这些数据表明，望江县装备制造业的规模和产值都在稳步增长，已经成为推动经济发展的重要力量。为进一步做强主导产业，望江县将继续加大政策扶持力度，鼓励企业加大科技创新投入，提升产品附加值和市场竞争力。同时，望江县还将加强与国内外先进企业的合作与交流，引进先进的生产技术和经营管理经验，推动装备制造业向高端化、智能化方向发展。

3. 着力培育新兴产业

新兴产业是未来经济发展的重要方向，对于推动产业结构升级和经济发展方式转变具有重要意义。为培育新兴产业，望江县将积极推动企业与高等院校、科研院所的合作与交流，共同创建科创平台。通过深化与大院大所的合作，探索建设“科创飞地”，吸引长三角区域的优质项目、科技成果来望江县落地转化。例如，科浦环保成立的锰基材料研究院正在进行锰基净化材料在水泥、煤矿等行业产业化规模化运用的论证测试工作。此外，百禾智慧农业机械瓜蒌自走无人打药机项目也正在开展2023年安徽省农机补短板项目攻关任务揭榜申请工作。这些新兴产业的培育和发展将为望江县的经济发展注入新的动力和活力。

（二）突出抓园区，聚力夯实发展平台

望江县把园区作为工业经济发展的主战场和主平台，园区承载力和聚集力不断增强。2023年1—9月规上工业产值完成37.1亿元，同比增长14.8%，实现税收2.6亿元，同比增长70.3%。这一亮眼的成绩单背后，是园区在规划、基础建设、项目引进和机制创新等方面所做的努力。

1. 坚持规划引领，规范园区发展

园区的持续发展离不开科学合理的规划。只有通过完善顶层设计，整合产业链，紧扣以纺织服装和机械制造为核心的“一主一特”产业布局，才能在项目招引、功能定位等方面进行统一布局、统一规划，进而科学规划发展重点。这种规划引领的方式有助于规范园区发展，提升园区的整体竞争力。

2. 坚持基础先行，完善园区设施

园区的基础设施建设是吸引企业落户的关键因素之一。为增强企业落户园区的吸引力，需要持续加大园区投入，加快实施道路提质改造等项目，进一步夯实园区发展平台。这些基础先行措施将为园区的长远发展提供有力支撑，推动产业集群的形成与发展。

3. 坚持项目为要，增强园区活力

项目引进是增强园区活力的关键。在长三角一体化发展的背景

下，园区应瞄准重点发展产业和特色产业园，如创新创业园、物流园等，全力开展招商引资工作。2023 年以来，新签约亿元以上工业项目 16 个，总投资 50.08 亿元，其中 10 亿元以上项目 2 个。这些大项目的引进将为园区的发展注入新的动力，推动产业升级和经济增长。

4. 坚持机制创新，优化园区服务

机制创新是优化园区服务的必要条件。县委、县政府应多次召开专题会议，研究经开区的建设和发展，理顺体制机制，创新发展思路。通过改善和加强园区的管理和服务，使园区真正做到“能干事、能办事、能管事”，成为服务好、环境优的一流平台。这将有助于提升园区的整体形象和服务水平，进一步吸引优质企业入驻。

（三）突出抓项目，着力增强工业后劲

1. 着力引进项目

引进项目是推动工业发展的关键。望江县通过改革创新招商引资政策，鼓励企业自主招商、利用节会招商、以厂招商等多种方式，积极引进优质项目。2023 年以来，全县已签约招商引资项目 35 家，合同引资额高达 101.5 亿元，为工业发展注入新的活力。这些项目的引进不仅有助于提升当地产业水平，还为经济发展提供新的增长点。

2. 强力推进项目

推进项目是实现工业发展的关键环节。望江县 2023 年实施重点工业项目 77 个，目前已有 49 个项目开工建设，开工率为 63.64%。在项目推进过程中，望江县注重优化工作机制，完善政策扶持、责任考核、目标倒逼、督查督办等措施，确保项目建设顺利进行。同时加强项目管理，提高项目质量和效益，确保各个项目能够真正落地生根，为工业发展提供持久动力。

3. 持续扶持项目

扶持项目是保障工业发展的重要手段。望江县牢固树立“抓工业必须抓项目”的理念，将项目建设作为工业发展的重中之重。为更好地扶持项目，望江县不断完善政策体系，加大对企业的支持力度，减轻企业负担，优化营商环境。通过这些措施的实施，望江县为企业发展提供有力保障，进一步激发市场活力和社会创造力。

（四）突出抓帮扶，努力提振发展信心

为提振发展信心，望江县采取一系列有力的措施，重点突出帮扶作用。这些措施包括出台政策扶持发展、精准施策助推发展以及积极开展“县干大走访”专项行动。

1. 出台政策扶持发展

望江县出台一系列政策文件，旨在扶持企业发展。这些政策包括助企纾困二十条和“开门红”三十五条、“夏日红”三十条、“金秋红”三十条、“全年红”三十条等。此外，县政府还设立 1 亿元雷池产业基金和 500 万元“免申即享”资金池，以支持企业进行科技创新和技术改造。为进一步优化营商环境，县政府还深化“大综窗”改革，为企业提供更加便捷的服务。

2. 精准施策助推发展

在精准施策方面，望江县采取“分类指导，一企一策”的原则，对企业实施精准帮扶。县政府建立为企深度服务清单，明确各职能单位服务企业的帮扶任务。通过分类帮扶、精准施策，县政府确保合理诉求办结率和企业满意率均达到 100%。

3. 积极开展“县干大走访”专项行动

为进一步了解企业需求和困难，望江县积极开展“县干大走访”专项行动。这项行动全面覆盖全县规模以上工业企业，通过深入企业一线，县政府全面掌握企业生产经营和发展情况。在走访过程中，县政府积极回应企业诉求，了解企业在扩产扩能、市场开拓中的实际需求和困难。通过精准解决问题，县政府帮助企业克服发展瓶颈，进一步提振企业发展信心。

三、推动构建长三角一体化

（一）实行“大综窗”改革

第一，望江县政府在数字化政务服务方面迈出坚实的步伐，积极推动长三角一体化发展。为提高政务服务效率，县政府实施一系列创新改革。通过数字化办理政务事项，实现“一网通办”专窗，极大地简化市民和企业的办事流程。安徽政务服务统一认证线下服务窗口的设立，为用户提供更为便捷的服务体验。用户只需通过一次认证，即可在多个政务服务窗口享受无障碍服务。

第二，望江县政府对掌上办公的推广也增加办事的灵活性，用户可以根据自己的需求选择掌上办、网上办、窗口办、自助办等多种形式。值得一提的是，“一件事集成办理”模式在望江县的实施。该模式将相关事项进行整合，减少烦琐的步骤，显著提高企业开办的效率。这一创新举措为企业家们提供极大的便利，进一步优化营商环境。

第三，望江县政府在数字化政务服务方面的努力，不仅提高办事效率，还为当地创造更便利、更有利的经济环境。这种数字化、智能化、便捷化的政务服务吸引更多的投资和人才，为长三角一体化高质量发展注入新的活力。

第四，望江县政府积极探索新的数字化政务服务模式。例如，望江县政府正计划引入人工智能技术，以进一步提升政务服务的智能化水平。通过人工智能的分析和预测能力，政府可以更精准地把握市民和企业的需求，提供更加个性化的服务。

第五，望江县政府注重与长三角其他地区的协同发展。通过加强与其他地区的合作与交流，共同探讨数字化政务服务的最佳实践和解决方案。这种跨地区的合作有助于打破行政壁垒，实现资源共享，进一步推动长三角一体化发展的进程。

第六，为确保数字化政务服务的可持续性发展，望江县政府积极培养和引进专业人才。通过设立培训计划和激励机制，吸引更多的人才参与到数字化政务服务的建设中，为未来的发展提供有力的人才保障。

（二）“双招双引”政策

望江县在招商引资工作上一直保持积极态度，致力于吸引更多优质投资和项目。为实现这一目标，望江县招商团队不仅在本地热情接待客商，还主动深入长三角地区开展调研。他们通过努力，成功搜集到 59 个有望引进的项目线索，其中 41 个来自长三角地区，凸显望江县在吸引长三角地区投资方面的巨大潜力。

更令人鼓舞的是，2023 年望江县已成功签约 10 个项目，其中 8 个位于长三角地区。这些项目涉及高端化妆品包材、纺织服装、高档面料生产基地等多个领域，为当地经济结构升级注入新动力。这一招商引资成就不仅为望江县的产业发展和区域经济繁荣奠定坚实基础，而且充分展现望江县在长三角地区的投资吸引力。

这一成果的取得，除当地政府的积极推动外，还归功于招商团队的敬业精神和专业能力。他们深入了解市场需求和投资者关切，为投资者提供全方位的服务支持。此外，望江县还致力于优化营商环境，为投资者创造便利条件和优质服务，使其成为投资者理想的投资目的地，吸引更多优质项目和资金流入。

（三）“招才引智”政策

在培养和吸引人才方面，望江县取得令人瞩目的成就。通过与纺织服装院校的紧密合作，望江县成功地建立一支高素质的纺织服装技术人才队伍。这些院校包括安庆师范大学和安庆职业技术学院，他们共同建立纺织服装产业学院，为望江县的纺织服装产业发展提供强大的技术支持。

在合作过程中，望江县充分利用这些院校的专业知识和教学资源，制订一系列针对性的人才培养计划。这些计划注重理论与实践相结合，旨在培养出既有理论知识又有实践经验的高素质技术人才。通过这种方式，望江县成功地填补纺织服装技术人才的空缺，为当地的产业发展提供坚实的人才基础。

除与纺织服装院校的合作外，望江县还通过“外联老乡”工程吸引一批成功人士和产业工人回流家乡。这一工程旨在通过各种渠道联络和吸引望江籍在外成功人士和产业工人，让他们为家乡的产业发展贡献力量。通过这一工程，望江县成功地建立一个纺织服装产业人才库，会聚各类优秀人才，为当地的产业发展提供强大的人才支持。

（四）基础设施建设

望江县在基础设施建设上采取稳健且富有远见的策略。为提升区域交通互联性，县政府投入 30 亿元用于兴建望东长江大桥和济广高速公路。这些重大项目不仅将显著缩短前往长三角地区的时间，还完美契合绿色发展理念。

在环保出行方面，新能源专线班车的投入运营为居民提供更多选择。此举不仅优化居民的出行条件，还对构建全新的城乡交通格局起到积极作用。

县政府对交通基础设施的规划与建设给予高度重视，关注长江公铁大桥、宿望宣城际铁路、安九高速公路等重点项目。这些项目的建成将强化长三角地区的互联互通，有力推动产业协同和资源配置。

此外，望江县也注重与周边地区的合作与交流，与贵池区共同投资建设济广高速公路池州长江大桥，进一步促进地区间的协同发展。

（五）医疗卫生合作

望江县与长三角普惠医疗健康发展联盟已正式签署合作协议，旨在共同应对医疗领域所面临的挑战，如看病贵、就医难等问题。此项合作不仅有助于提升望江县的卫生健康服务水平，更为地方卫生健康事业注入新的活力。

为确保合作的顺利实施，望江县全面配合并提供必要的支持，包括政策制定、基础设施建设以及人才培养等方面。同时，望江县积极促进与长三角普惠医疗健康发展联盟的技术交流和资源共享，实现人才、技术及资源的互通有无。

此项合作的签署意味着望江县卫生健康服务的质量和效率将得到显著提升，使当地居民能够在家门口享受到优质、便捷的医疗服务。这不仅有助于推动望江县卫生健康事业的高质量发展，还将为当地经济的持续繁荣和社会进步提供有力支撑。

此外，这一合作将对长三角地区的卫生健康事业产生深远的影响。通过与望江县的合作，长三角普惠医疗健康发展联盟将进一步扩大其服务范围，增强在该地区的影响力和竞争力。同时，这也为长三角地区卫生健康事业的协同发展提供宝贵的经验和借鉴。

（六）产业深度合作

望江县与周边地区签订多个产业合作协议，旨在促进区域经济发展和产业链协同。其中，与江苏常熟服装城管理委员会的合作尤为引人注目。双方共同引进中国（望江）纺织服装新城项目，这一举措不仅有助于提升望江县的纺织服装产业水平，更有望加强长三角地区的产业链协同发展。

通过与江苏常熟的合作，望江县得以充分利用对方的资源和经验，加速自身纺织服装产业的升级。同时，这种合作也有助于促进各地的资源互补和互利合作，实现区域经济的共同繁荣。

在纺织服装产业领域，长三角地区拥有得天独厚的优势。通过区域内的产业链协同，可以充分发挥各地的比较优势，降低生产成本，提高产品质量，增强整体竞争力。望江县与江苏常熟的合作，正是这种协同发展的一个缩影。

除纺织服装产业外，望江县还与周边地区在其他领域展开广泛的合作。例如，在农业领域，望江县与周边地区共同推广先进的农业技术，提高农业生产效率；在旅游领域，双方合作开发旅游资源，推动旅游业的发展。这些合作不仅有助于提升望江县的经济实力，也为区域经济的协同发展注入新的活力。

为进一步加强区域内的产业链协同，望江县还积极推动与周边地区的交通基础设施建设。通过改善交通条件，降低物流成本，提高区域内的经济循环效率，从而为产业链的协同发展提供更有力的支撑。

第三节　探索优化要素市场化配置

一、望江县优化要素市场化配置的原则和目标

（一）市场化原则

望江县优化要素配置的市场化原则，旨在实现充分竞争、自由选择、公平公正的目标。在这样的原则指导下，望江县积极推进市场化改革，激发市场活力，提高资源配置效率，为全县经济社会发展提供有力支撑。

1. 充分竞争

通过引入竞争机制，望江县鼓励各类企业积极参与市场竞争，提高产品和服务质量，不断创新，以满足消费者需求。政府还积极

推动产业转型升级，引导企业加大研发投入，提升核心竞争力，从而实现产业高质量发展。

2. 自由选择

在市场机制作用下，企业和消费者可以根据自身需求和利益诉求，自由选择合适的生产要素、投资项目和合作伙伴。这种自由选择机制有助于优化资源配置，提高资源利用效率，进一步推动经济发展。

3. 公平公正

政府高度重视市场公平竞争环境的建设，通过完善法律法规、加强执法监管、落实政策措施等手段，保障各类市场主体合法权益，消除市场壁垒，促进产业公平竞争。在此基础上，望江县还着力改善民生，扩大社会福利，让广大群众共享经济发展成果，实现社会公平正义。

（二）目标设定

望江县优化市场化配置的目标设定为：提高资源利用效率、促进产业发展、推动经济增长。为实现这一目标，望江县采取一系列措施，旨在充分发挥市场在资源配置中的决定性作用，提升公共服务水平，增强经济发展活力。

1. 积极推进产业结构调整，鼓励企业转型升级

望江县通过政策引导、资金支持等手段，支持企业研发创新，提高产品附加值，促进产业链向高端发展。同时，加大对新兴产业的投资力度，培育新的经济增长点，使产业结构更加合理，提高资源利用效率。

2. 注重发挥金融市场的作用，为企业提供多元化融资渠道

望江县积极推动金融改革创新，优化金融生态环境，降低融资成本，缓解企业融资难题。此外，通过发展多层次资本市场，引导资金流向优势产业和重点企业，促进产业发展和经济增长。

3. 加强基础设施建设，提升公共服务水平

望江县完善交通、能源、通信等基础设施，为产业发展创造良好条件。同时，加大教育、医疗、文化等公共服务投入，提高人民群众的生活水平和幸福感，为经济增长提供人力支撑。

4. 积极引进国内外优秀人才，助力产业发展

望江县通过完善人才政策体系，提供优厚待遇和广阔发展平台，吸引高层次人才创新创业。同时，加强与高校、科研院所的合作，推动科技成果转化，为产业发展注入新动力。

5. 强化政策落实和监管，保障市场化配置改革顺利进行

望江县加强对政策执行情况的监督检查，确保政策落地生根。同时，完善市场监管体系，维护市场秩序，保障各类市场主体公平竞争。

二、优化建设用地市场化配置

望江县贯彻落实《国土资源部关于推进土地节约集约利用的指导意见》和《安徽省人民政府关于进一步强化土地节约集约利用工作的意见》，注重加强土地使用权交易监管制定全市区片综合地价，严格执行公共利益征地的相关制度规定。推进国有企事业单位改革改制土地资产处置，促进存量划拨土地盘活利用。推动实施

城镇低效用地再开发。健全长期租赁、租后让、弹性年期供应等工业用地市场供应体系。探索增加混合产业用地供给，推动土地复合开发利用、用途合理转换。开展城乡国有建设用地基准地价更新工作，推进城镇标定地价体系建设，逐步形成与市场价格挂钩动态调整机制。

（一）加强土地交易监管

望江县在加强土地使用权交易监管方面，采取多项有力措施。首先，制定全市区片综合地价，为土地交易提供科学合理的定价依据，确保土地资源的合理配置。其次，严格执行公共利益征地的相关制度规定，保障被征地农民的合法权益，同时防止土地资源的不合理征收。在推进国有企事业单位改革改制方面，望江县着力推动土地资产处置，通过优化土地资源配置，提高土地资产利用效益。最后，积极促进存量划拨土地的盘活利用，将这些土地资源转化为经济发展的重要支撑。

在加强土地使用权交易监管的过程中，望江县始终坚持绿色发展理念，强调土地资源的可持续利用，确保土地资源的合理开发与保护。通过落实最严格的耕地保护制度，保障粮食安全，同时推进生态文明建设，维护生态平衡。

（二）创新土地供应方式

为提高土地利用效率，推动产业升级，望江县积极探索和实践土地供应的多元化模式。这些创新措施包括长期租赁、租后让、弹性年期供应等，旨在满足不同产业和企业的用地需求，促进经济的可持续发展。

1. 长期租赁

望江县积极推动国有企事业单位改革改制土地资产处置，通过租赁方式将土地使用权转移给有需要的企业，既保证国家的土地收益，又降低企业的用地成本。此举还有助于激发市场活力，吸引更多企业投资兴业。

2. 租后让

望江县鼓励企业租赁土地后进行投资开发，待项目投产后，可根据约定将土地使用权转让给企业，实现土地的长期使用权。这种模式有利于企业专注于项目建设，降低投资风险，同时也有助于地方政府掌握土地资源的使用情况。

3. 弹性年期供应

望江县针对不同产业和企业的发展需求，提供不同年限的土地使用权。这种方式既满足企业短期用地需求，又避免土地资源的闲置和浪费。此外，弹性年期供应还有助于调整产业结构，引导企业转型升级。

（三）城镇低效用地再开发

为满足城市发展的需求，望江县还积极推动城镇低效用地再开发。通过改革土地供应制度，鼓励企业盘活存量土地，提高土地利用效率。此举既有助于城市空间的优化布局，也有利于提高土地资产的价值。

在城乡国有建设用地方面，望江县开展基准地价更新工作，推进城镇标定地价体系建设。这一举措有助于逐步形成与市场价格挂钩的动态调整机制，更好地反映土地市场的真实价值。同时，也有利于引导土地资源的合理配置，促进城乡一体化发展。

三、优化劳动力市场化配置

（一）提升人力资源市场信息透明度

1. 建立健全人力资源市场信息发布机制

通过政府网站、招聘网站、微信公众平台等多种渠道，实时发布各类招聘信息，让求职者能够第一时间了解到最新的岗位需求。此外，还定期举办线上和线下招聘会，为求职者和企业搭建面对面交流的平台，提高双方对接的成功率。

2. 加强对人力资源服务机构监管

望江县对县域内的人力资源服务机构进行严格审查，确保其合法经营，严禁虚假招聘、歧视性招聘等行为。通过加大对违规行为的查处力度，保障求职者的合法权益。

3. 推动人力资源市场信息化建设

利用大数据、云计算等技术手段，构建人力资源市场信息数据库，实现招聘信息、求职信息、人才需求的实时动态更新。此举有助于提高信息处理的效率，为求职者和企业提供更加精准、个性化的服务。

（二）支持创新创业人才培养

1. 积极搭建创新创业平台

通过建设创新创业基地、科技园区和创业孵化器等，为创新创业人才提供良好的工作环境和条件。这些平台不仅能够吸引众多优秀的创新创业人才，还能够让他们相互交流、合作，共同推动技术创新和产业发展。

2. 制定人才优惠政策

望江县颁布一系列措施，以激励和支持创新创业人才的发展。例如，对创新创业项目给予资金扶持，降低创新创业人才的创业成本；提供优惠贷款、税收减免等政策，帮助创新创业人才解决融资难题；设立人才引进专项资金，吸引更多的高层次人才加入创新创业队伍。

3. 注重高层次人才培养和培训

深化与省内外高校合作，打造高层次人才培养平台。支持安庆师范大学引进高精尖人才，重点建设面向首位产业和未来产业需求的学科院系，培养安庆市急需人才。支持市属高校建设理工类、医学类本科院校，提高毕业生本地就业率。

4. 着力优化创新创业环境

尊重和保护知识产权，为创新创业人才创造公平竞争的市场环境。同时，加强法治建设，保障创新创业人才的合法权益。望江县还注重提升公共服务水平，为创新创业人才提供便捷、高效的服务。

（三）加强职业教育与技能培训

1. 完善职业教育培训体系

望江县紧紧围绕地方经济发展和产业需求，加强职业教育与普通教育相互衔接，推动职业教育与产业需求同步发展。充分利用县职教中心、成人教育中心等教育资源，开展多样化的职业技能培训，提高农民就业竞争力。

2. 发挥企业主体作用

望江县鼓励企业积极参与职业教育和技能培训工作，加强与职业院校的合作，共建实训基地，为学生提供实践操作机会。同时，企业还可以根据自身需求，对员工进行职业技能提升培训，提高员工整体素质。

3. 强化政策支持

望江县制定一系列职业教育和技能培训优惠政策，对参加职业培训的农民给予一定的补贴，鼓励农民主动提升自身技能。同时，优化贷款、税收等方面的政策，支持企业开展职业技能培训。

4. 创新培训模式

望江县积极探索线上线下相结合的培训方式，充分利用现代信息技术手段，开展远程教育、网络培训等，使学员能够在田间地头、家中随时随地学习。同时，采取“实训 + 创业”的模式，提高学员实践操作能力和创业能力。

5. 加强师资队伍建设

望江县注重选拔、培养一批具有丰富实践经验和教育教学能力的专业教师，提高职业教育和技能培训质量。同时，通过开展教师职业技能竞赛、企业实践等活动，提升教师队伍的整体素质。

6. 注重培训效果评价

望江县构建市场化人才评价机制，建立完善以职业属性和岗位需求为基础的评价标准。探索推进高技能人才与专业技术人才职业发展通道、职业技能等级证书与学历证书互通衔接。

四、优化科技市场化配置

根据《安徽省“十四五”科技创新规划》和《安徽省国民经济和社会发展第十四个五年规划和2035年远景目标纲要》的编制，明确创新驱动发展的指导思想、基本原则和发展目标，谋划创新发展路径，部署重大任务，是望江县加快实施创新驱动发展战略，以科技创新为支撑推动经济社会高质量发展的总体要求。

（一）建立科技成果转化机制

1.完善政策体系，优化科技成果转化环境

望江县制定一系列政策文件，明确科技成果转化的政策措施、目标任务和责任主体，为科技成果转化提供有力的制度保障。同时，加强对政策落实情况的监督检查，确保政策落地生根，推动科技成果转化工作顺利进行。

2.搭建多元化平台，提升科技成果转化能力

望江县积极搭建科技创新平台，培育和发展各类科技创新载体，如工程技术研究中心、企业技术中心等，为企业和科研机构提供技术研发、中试孵化、产业推广等一站式服务。此外，通过搭建线上线下相结合的科技成果转化服务平台，促进科技成果与产业需求有效对接，提高科技成果转化率。

3.加大资金投入，支持科技成果转化项目

望江县优化财政科技支出结构，加大对科技成果转化项目的资金支持力度，引导企业和社会资本投入科技成果转化。截至目前，完成对研发费用归集3.23亿元，同比增长78%；完成吸纳技术交易

合同 15.6 亿元，输出技术交易合同 8.5 亿元。预计全年完成吸纳技术交易合同 24.2 亿元，输出技术交易合同 17.1 亿元。

4. 深化交流合作，拓宽科技成果转化渠道

望江县积极与国内外高校、科研机构、企业等开展交流合作，引进先进科技成果，促进全县产业结构优化升级。同时，鼓励企业“走出去”，参与国际市场竞争，拓宽科技成果转化渠道，推动全县经济高质量发展。

（二）支持科技型企业发展

望江县通过加大财政投入，设立科技创新专项资金，为企业研发创新提供有力支持。企业可根据自身需求申请资金，用于技术研发、产品创新、人才引进等方面，有效激发企业创新活力。积极搭建科技创新平台，加强与高校、科研院所的合作，促进产学研一体化。通过共建研发中心、实验室等形式，企业得以更好地利用高校和科研院所的科研资源，提升自身创新能力。2023 年，完成科技型中小企业入库 96 家，同比增长 63%。

望江县积极搭建科技创新平台，加强企业与高校、科研院所的合作，促进产学研一体化。推进“揭榜挂帅”。通过对接安庆师范大学，邀请 3 名教授成立专家组对望江县“揭榜挂帅”类科技项目开展中期评估工作。通过共建研发中心、实验室等形式，为企业提供技术支持，帮助企业解决技术难题。同时，鼓励企业引进高层次人才，加强技术创新团队建设，提高整体创新能力。

（三）增加投入研发及人才引进支持

1. 加大科技创新投入

望江县在过去几年已经逐年提高科技创新专项资金规模，以支持企业研发活动。针对具有核心竞争力的产业领域，如新材料、生物医药、信息技术等，望江县设立专项研发基金，鼓励企业加大技术研发投入，提升创新能力。

2. 强化人才引进政策

2023 年，引进科技人才团队 3 个，选派省、市、县级科技特派员共 129 名，推荐 2 名农业专业合作社和农业产业化龙头企业技术人员参加安徽省“三区”人才培训，提升农业专业水平和能力。望江县优化人才引进机制，加强与国内外高校和研究机构的合作，积极引进高端人才。对引进的人才给予一定的政策扶持，如购房补贴、子女教育、医疗保障等，以吸引更多优秀人才为望江县的发展贡献力量。

3. 加强产学研合作

望江县鼓励企业与高校、科研院所开展深度合作，共同开展技术攻关和成果转化。加强与工信部赛迪研究院、东华大学、合肥工业大学、安徽农业大学等高校合作共建，成立纺织服装产业协同技术服务中心以及产业学院。目前已完成 4 个项目立项工作。

4. 提升人才科技创新环境

望江县在过去几年持续优化科技创新政策环境，保护知识产权，颁布多项面向优秀人才的优惠政策，建立健全科技创新激励机制。同时，加强科技宣传，提升公众科学素质，营造全社会崇尚创新、支持创新的良好氛围。

五、优化资本市场化配置

（一）畅通政银企对接合作机制

望江县健全融资助企便民服务长效机制，以“进园区、进街道、进社区、进乡镇、进商圈”金融“五进”为抓手推进金融助企纾困政策落地落实。将“五进”工作实效与县域经济“红黑榜”制度挂钩，成立工作专班，合理分配任务清单，安排专员提供流程指导和解答问题服务，实时通报工作进展。推进金融政策和产品进企业入商户，进一步提升金融助企纾困力度，一站式解决中小微企业及个体工商户融资难融资贵问题。截至 2023 年 12 月，累计走访市场主体数 16508 余户，其中一级市场活跃度市场主体走访覆盖率达 100%，完成融资问题 2622 起。

（二）加大对民营和中小微企业的信贷投放

望江县鼓励金融机构与民营企业构建中长期合作关系，推广主动授信、随借随还贷款模式，充分满足民营经济合理金融需求，进一步提高新发放企业贷款中民营企业贷款占比。在风险可控前提下，对各类民营和中小微企业灵活采用展期、无还本续贷、调整还款方式、延长还款期限等形式，做好后续信贷资金安排，帮助企业维持或恢复生产，对符合条件的存量贷款“应延尽延”、新增贷款“应贷尽贷”。印发《望江县中小企业和新型农业经营主体续贷过桥资金管理暂行办法》，筹措规模 3000 万元的过桥资金，用于帮助中小企业和新型农业经营主体因资金困难、无力还贷时实现转贷，

2023 年度共扶持企业 94 户，周转贷款金额 3.6 亿元。

（三）降低民营和中小微企业融资成本

望江县督促银行机构疏通内部利率传导机制，释放贷款市场报价利率改革效能，合理降低中小微企业贷款利率。县财政预算安排普惠金融发展专项资金，用于创业担保贷款贴息，服务实体经济，激发市场主体活力。截至目前，全年新发放个人创业贷款 537 笔，7570 万元；小微企业贷款 10224 万元，支持望江县 40 户小微企业生产运营，财政贴息 997 万元。对当年新增新型政银担业务单户 1000 万元以下的小微企业，县担保公司减半按 0.5% 收取担保费，目前已为企业节约融资成本 244.35 万元，此项政策已惠及 78 户企业。

（四）扎实推进企业入驻资本市场

望江县顶格推进企业上市工作，建立后备企业资源库，对重点后备企业持续进行跟踪服务，建立县主要领导双周调度、企业上市工作随机督导工作机制，第一时间协调解决企业上市过程中涉及的土地、融资等问题。优化扶持政策，出台《望江县推进企业上市（挂牌）扶持奖励办法》，对企业股份制改造、上市（挂牌）、直接融资等给予奖励，在税费减免、项目审批等多方面予以支持，引导企业抢抓资本市场发展机遇。强化保障能力，主动借助“外力”“外脑”，加强与券商、基金公司的工作对接，帮助搭建企业与中介机构的对接桥梁，指导拟上市企业做好财务规范、法律规范、资产评估，积极向各级监管部门汇报沟通，争取各方面支持。安庆雨杏食品股份有限公司 2023 年 3 月完成股改，4 月初在省股交中心科创板精选层挂牌，已兑现省市县三级股改挂牌奖励共计 80 万元。

（五）强化财政资金引导激励作用

望江县创新对金融机构的考核方式。参照市对县经济运行“红黑榜”金融指标考核，出台《望江县财政局社保基金大额定存竞争性存放工作方案》，对望江县社保基金大额定存实行公开竞争性存放，将贷款增幅、存贷比、月度信贷完成比例、优化营商环境等指标数据纳入对银行的竞争存放评选事项中，以督促和引导各金融机构拓展服务广度和深度，持续扩大普惠金融覆盖面。目前，望江县已开展五批次竞争性存放工作，存放基金数额达 4.8 亿元。

（六）优化民营和中小微企业融资环境

望江县健全完善风险防范化解体系，研究出台《望江县金融风险处置攻坚行动方案》，常态化开展金融领域扫黑除恶工作，组织开展融资担保公司现场检查，部署解债类非法集资打击整治，开展第三方财富管理摸排清理工作，推进类金融机构常态化监测预警，同时加大宣传力度，开展“贷动小生意服务大民生”“千名行长进万家”金融支持个体工商户发展系列活动，多措并举开展打击非法集资和《反有组织犯罪法》宣传，进一步增强群众对《反有组织犯罪法》的知晓度，切实提高广大人民群众防范非法集资意识和能力。

六、优化数据市场化配置

（一）建立数据共享平台

1. 坚持“以人为本”的原则

望江县数据平台的建设，始终坚持“以人为本”的原则，以服务群众和企业为目标。通过数据共享，政府部门可以更快速地获取信息，提高决策的科学性和准确性。同时，企业和社会公众也能更加便捷地获取政府服务和信息，提升满意度。

2. 技术实现

通过构建统一的数据接口和标准，平台实现不同部门、不同类型数据的整合和共享，打破信息孤岛的限制。2023 年，实行不动产登记系统与工程建设项目审批管理系统的无缝对接，推出“验收即发证”登记新模式。在县税务局、市监局窗口建立市场主体注销协作机制，推行“一次受理、跨局流转、并行办结、一屏出件”的“一屏式注销”新模式，截至目前，累计服务市场主体 635 户次，简易注销办结时间由 10 天压缩至 10 分钟。

3. 机制建设

通过制定严格的数据共享规范和管理制度，明确各部门的职责和义务，确保数据的有序共享和合理使用。望江县推进政府数据归集汇聚和共享开放，加快建设人口、法人、自然资源与空间地理等基础数据库，建立数据资源“一张清单”管理机制，探索形成公共数据资源市场化服务机制。

截至 2023 年 2 月，望江县政务数据资源目录已编制 815 条，归集县直 25 个部门总数据 4.946 亿条，为望江智慧纪检监督平台建设提供 80 多个部门各类数据接口。开展信息化系统使用情况摸底评估工作，深入各单位各业务系统

（二）提高数据安全保障能力

1. 重视政策法规的制定与完善

望江县健全数据隐私保护制度和安全审查制度，强化政务数据、企业商业秘密和个人数据保护。通过制定严格的数据安全法规，明确数据安全的各项标准和规范，为保障数据安全提供坚实的法律基础。这一举措不仅确保政府各部门在数据处理过程中的合规性，还为数据安全提供明确的指引和依据。

2. 建立数据安全风险评估机制

望江县数据管理局通过对重要数据进行全面深入的风险评估，及时发现潜在的安全隐患，并迅速采取有效的防范措施，以降低数据泄露或被攻击的风险。这一机制的建立，使得数据安全风险得到有效的控制和防范。

3. 不断提升技术防护能力

引进先进的数据加密技术、部署高效的防火墙和入侵检测系统，为数据安全构建起坚实的屏障。这些技术手段的运用，确保数据在存储、传输和使用过程中的安全性，为个人信息保护提供强有力的支撑。

4. 注重个人信息保护的协同监管

望江县通过建立个人信息保护联席会议制度，加强部门间的信息共享与协同监管，共同应对个人信息保护的挑战。这一举措有助于形成监管合力，加大对违法收集、使用个人信息的打击力度，有效遏制非法获取和滥用个人信息的行为。

5. 积极推进跨地区、跨部门的数据安全合作

通过与其他市县开展交流与合作，共享数据安全资源与经验，不断提升自身的数据安全保障水平。这种合作模式有助于形成地区间的数据安全合作机制，共同应对数据安全的挑战。

6. 开展广泛宣传教育活动

通过多种渠道向公众普及数据安全与个人信息保护的知识，提醒公众时刻保持警惕，防范潜在的安全风险。这些宣传教育活动有助于增强公众的自我保护意识，形成全社会共同维护数据安全的良好氛围。

第五章
坚持加强农业农村现代化建设

第一节　持续巩固拓展脱贫攻坚成果

巩固拓展脱贫攻坚成果是乡村全面振兴的基础和前提。“十四五”以来，望江县在实现全县脱贫的基础上，以2023年中央一号文件精神为指导，积极探索巩固脱贫攻坚成果的创新路径，缩小城乡收入差距和发展差距，提升脱贫群众的生活水平，让脱贫群众的生活越过越红火。

一、强化防止返贫动态监测机制

“十四五”以来，望江县以习近平新时代中国特色社会主义思想为指导，以巩固拓展脱贫攻坚成果、防止返贫致贫为主线，不断强化防止返贫动态机制，确保脱贫攻坚成果得到巩固。

为有效落实监测机制，望江县围绕脱贫不稳定户、边缘易致贫户，以及因病因残因灾因意外事故等，刚性支出较大或收入大幅缩减导致基本生活出现严重困难的农户开展跟踪监测、识别标注和动态管理。在监测过程中，望江县主要依据以下 3 项条件来设置防贫保障线、纳入防贫范围：

一是年度家庭人均纯收入低于脱贫线 1.5 倍的农村居民；二是因各种原因造成收入骤减，医疗和教育等刚性支出骤增无法完全承担的农村居民；三是“三保障一安全”产生新问题，影响基本生活的农村居民。

在将以上三类农村居民纳入防止返贫监测机制后，望江县主要采取定期入户走访、部门信息比对的方式开展常态化监测，实现对易返贫致贫人口的及时发现、响应，做到不漏一户一人。

（一）定期入户走访

对于以上三类被监测农村居民，望江县采取分包制，即将重点监测的防止返贫片区分给对应的干部，由包片干部每月开展走访核查，全面掌握困难农户的家庭基本情况，并将了解的情况报告给村两委，村两委和驻村工作队根据汇报的情况汇总和分析各片区的数据，研判致贫返贫的风险，确定是否将其纳入监测对象并将审核的结果上报给乡镇部门。乡镇根据上报的数据继续组织人员对各村上报的数据进行全面核实，并在每月 28 日前将审核的结果书面报告给县相关部门，由县相关部门进行备案并及时组织相关人员进行核实。

（二）部门信息比对

在定期入户走访获取实际数据之余，望江县还全力发挥行业部门的筛查预警作用，定期开展信息数据比对工作，通过线上筛查和线下排查相结合的方式，及时发现可能存在的各类风险隐患。此外，各部门还要明确一名具体联络人员，在每月 5 日前将筛查的预警信息报送给县扶贫办。目前，参与到防止返贫筛查工作中的部门具体如下。

县医保局负责提供当年度截至上月底累计个人自付过高的农村居民信息作为预警线索（其中建档立卡脱贫人口自付费用超过 5000 元，非建档立卡农户自付费用超过 10000 元）。

县卫健委负责提供全县突发公共卫生事件受灾区域人员名单作为预警线索。

县教育局负责提供失学辍学学生名单、因灾因病等多种原因导致的困难家庭学生名单作为预警线索。

县民政局负责提供每月新增民政兜底人员信息作为预警线索。

县住建局负责提供因灾等意外造成住房不安全的农村居民信息作为预警线索。

县水利局负责提供因自然灾害等造成饮水不达标的农村居民信息作为预警线索。

县残联负责提供生活不能自理的残疾人员信息作为预警线索。

团县委、妇联、信访等部门在开展调研、督导或其他工作中发现有返贫致贫风险的人员信息，及时反馈至县扶贫办。

县扶贫办通过全国防返贫监测信息系统和省扶贫大数据平台，监测建档立卡脱贫户收入变化情况，同时梳理汇总各有关单位上报的预警线索并及时反馈给相关乡镇。乡镇根据反馈的预警信息，组织村“两委”和驻村工作队开展入户核查，符合监测条件的及时履行识别程序，纳入监测对象，及时落实帮扶措施。

望江县通过织密防贫保障网，一方面保障了农村居民的生活条件，另一方面全面夯实防贫工作的基础，实现了“守住不发生规模性返贫的底线”这一目标。

二、精准帮扶，保障脱贫群众生活

（一）强化帮扶责任

在推进精准帮扶工作的过程中，望江县首先做到强化干部团队的帮扶责任，积极推进“一户一方案、一人一措施”，针对监测对象的资源禀赋、真实意愿、自身能力和发展需求，由驻村工作队、蹲村干部、村两委成员及帮扶人共同制定并落实帮扶措施。2022年4月，箭坝村组织成立箭坝村西圩巾帼工作队，发挥女性在分包农户、开展精准帮扶工作中的主力军作用，实现箭坝村防止返贫工作的顺利开展，推动箭坝村基层治理体系不断完善，并在整个望江县域中起到了基层治理先锋带头作用。

（二）落实民政兜底保障工作

为有效保障民生，巩固脱贫攻坚成果，望江县民政局充分发挥民政兜底保障功能，多措并举，积极推动各项兜底保障工作的落实。

1. 压实工作责任

为落实“四个不摘”要求，望江县成立了民政局巩固拓展民政领域脱贫攻坚成果同乡村振兴有效衔接工作领导小组，定期研究部署推进，形成了各班子领导、成员齐抓共管的工作态势，巩固拓展民政领域脱贫攻坚成果同乡村振兴有效衔接工作责任进一步压实。同时，领导小组还加强兜底政策业务培训，提高业务经办能力和水平，加强调研督导，做到精准兜底保障。

2. 完善政策制度

为有效保障脱贫攻坚成果，民政局始终保持社会救助兜底保障政策的总体稳定。2021 年，民政局重新修订了《望江县最低生活保障工作操作规程》《望江县特困人员认定及救助办法》《望江县临时救助工作操作规程》，将符合条件的脱贫人口中，完全丧失劳动能力或部分丧失劳动能力，且无法通过产业就业获得稳定收入的人口，依规全部纳入农村低保或特困人员救助供养范围，落实低保边缘家庭重病重残人口"单人保"政策，对符合条件的及时给予临时救助，做到应保尽保、应救尽救。为规范全县低收入人口认定，2021 年县民政局等十四个部门联合制定出台了《望江县低收入人口认定及救助暂行办法》，首次对低收入人口进行了政策界定，将低收入人口分为低保对象、特困人员、低保边缘家庭、防止返贫监测对象和支出型困难家庭五个类别。为促进审批与监管分离，2021 年 1 月开始，民政局正式将低保、特困和小额临时救助审批权下放至乡镇、街道。低保、特困等审批权限下放后，申请受理、审核审批流程将进一步优化，审批办结时限将压缩至 20 个工作日内，救助时效性进一步增强；完善了审核审批机制，在乡镇、街道建立了联审联批制度，提高精准度和公平性。为推进低保扩围增效，2023 年民政局又重新修订了《望江县最低生活保障工作操作规程》。

3. 做好兜底保障

近五年来，民政局通过数据共享、比对和入户摸排，及时将符合条件的对象纳入兜底救助范围。截至 2023 年 11 月，望江县在册农村低保6558户13483人，其中已脱贫人口10722人、监测人口1673人；在册农村特困对象2148户2199人，其中已脱贫人口1835人、监测人口59人；在册孤儿及事实无人抚养儿童262人，其中已脱贫人口205人、监测人口28人。在册低保边缘家庭146户372人；支出型困难家庭14户57人；落实重病重残“单人保”186人。困难残疾人生活补贴对象9052人，重度残疾人护理补贴对象10343人。针对符合兜底保障条件的对象，近五年来，民政局落实低保、特困、孤儿基本生活保障等标准动态调整机制，每年按要求提高保障标准，根据民生资金发放要求，按月将兜底保障资金发放到户。2019年—2023年11月，望江县民政局累计发放农村低保资金34103.23万元，农村特困人员供养资金8808.35万元，孤儿（事实无人抚养儿童）基本生活费1310.25万元，困难残疾人生活补贴3363.64万元，重度残疾人生活补贴6248.43万元，实施临时救助3836人次，发放临时救助资金967.41万元。

（三）多方协作，多措并举

守望相助、同舟共济是中华民族的传统美德。巩固脱贫攻坚成果是顺利开展乡村振兴工作的基础，仅仅依靠政府的力量是不够的。有效凝聚各方力量，建构政府、市场、社会多方参与的精准帮扶格局，有利于充分发挥各主体的优势，提高巩固脱贫成果的灵活性，扩大帮扶资源的投入，确保巩固脱贫攻坚成果与乡村振兴的有效衔接。

1. 乡贤不“闲”，赋能防贫

2023年4月，箭坝村成立了望江县首个村级乡贤联络会，通过汇集乡贤力量赋能基层治理提质提效。2023 年暑期，乡贤联络会通过“乡贤 + 捐资助学”，捐助困难大学生 17 人，共计 51000 元。此外，乡贤联络会还通过“乡贤 + 产业发展”模式助力村级石斛、稻米等农副产品销售，实现村集体农副产品销售额超 50 万元；针对县政府提出的“清洁望江”行动，乡贤联络会通过“乡贤 + 美丽乡村”模式，发挥乡贤在“清洁高士”行动中的积极作用，率先垂范做好“门前三包”，主动包保农户，引导群众做好门前屋后环境卫生，为实现箭坝村基层高效治理，乡贤联络会积极为村级美丽乡村建设、项目推动、人居环境整治等工作献计献策；打造“乡贤 + 调解”模式，发挥乡贤“教育乡民、反哺桑梓、泽被乡里”等作用，切实把矛盾纠纷预防在源头、化解在萌芽，做到“小事不出组，大事不出村”，实现乡村脱贫攻坚成果的有效巩固。

2. 企业帮扶，实业兴县

（1）倾情奉献，巩固脱贫成果——安徽省联河米业有限公司

安徽省联河米业有限公司成立于 1991 年，是一家农业产业化国家重点龙头企业。多年以来，公司始终坚持助力乡村振兴，在带领父老乡亲共同富裕的征程上一路前行。

40 多年来，安庆望江大治圩 2 万多亩的圩口一直以种植单季水稻为主，农业生产效率总体偏低，公司承租大治圩基地两年来，为充分利用有效土地资源，深入推进“两强一增”行动，从耕地到收割真正实现全机械化的“耕种管收”，提高效率，降低成本，促进粮食稳定高产；同时在基地实施农田稻麦轮作，提高土地效益，实现一田多收。由于公司销售渠道完善，产品供不应求，在公司的引

领下，安庆望江及周边的农田稻麦轮作面积逐年增多，老百姓既鼓起了“钱袋子”，又丰富了“粮袋子”。

近些年来，公司累计与农户签订订单面积达 462 万亩，原粮 300 万吨，仅订单加价部分就为农户增收 2 亿多元，涉及农户、家庭农场、合作社 11.4 万余户，带动周边 10 余个市、县地区农民增收。2022 年原粮订单面积达 44 万亩。为做好脱贫攻坚与乡村振兴的有效衔接，2022 年公司继“五大扶贫模式”后推出“四大振兴模式”，持续带领农户增收，助力乡村振兴。

（2）实业兴县，推动精准帮扶工作——申洲织造公司

申洲针织（安徽）有限公司是申洲国际全资子公司，2008 年落户安徽望江。十余年的快速高质量发展，上万名员工实现了安居乐业，创造了引以为豪的“望江速度”。

十余年来，企业年亩均税收超过 30 万元，1 万名员工实现安居乐业。公司不断扩大企业规模，采取“就业 + 真金”帮扶模式，坚持因人政策，降低入岗门槛，增加就业岗位，广泛吸纳低收入群体入厂就业，切实帮助全县巩固脱贫成果，积极履行社会责任，着力推进乡村振兴。

在巩固脱贫成果方面，申洲针织（安徽）有限公司积极吸纳低收入群体就业，开展技能培训，帮助低收入群体提高生活水平。首先，公司降低低收入群体就业门槛，建立招工“直通车”制度，为低收入群体简化手续、减免体检费用，优先安排岗位。其次，针对低收入群体就业信心不足、技能不够的问题，公司实施精准帮扶，建立“师带徒”结对帮扶机制。申洲针织（安徽）为每一位新入职

低收入职工安排一名师傅。师傅对低收入职工开展技能培训和生活指导，帮助其更快适应岗位。最后，公司还建立了其他保障机制，不断加强员工的归属感。如，为住在偏远乡镇、周边县城的职工免费提供班车接送，免费提供午餐、晚餐，低收入群体的房租由工会支付，定制发放四季服等，改善员工的工作条件，激发员工的工作动力。

此外，安徽申洲针织公司还积极承担社会责任，捐资建设申洲敬老院、援建太慈镇村小学、设立申洲济困基金、支持金鸡山村“美好乡村”建设、帮助曾墩村建设文化公园，组织开展春节送温暖和金秋助学等公益爱心活动，为巩固脱贫攻坚成果，实现与乡村振兴工作有效衔接的目标注入了强大的社会力量。

第二节　持续提高乡村产业发展水平

当然，脱贫摘帽、巩固脱贫攻坚成果并不是国家推动乡村发展的终点。在打赢脱贫攻坚战、全面建成小康社会后，各地更要在巩固拓展脱贫攻坚成果的基础上，做好乡村振兴这篇大文章，接续推进脱贫地区发展和改善群众生活。而要切实推动乡村振兴，最重要的便是将发展的焦点重聚于乡村，思考乡村致富的出路。党的十八大以来，望江县在思考如何推动乡村致富这一问题上，把目光聚焦于乡村产业发展上，试图将一、二、三产业协同发展作为各乡镇脱贫致富、实现经济快速高质量发展的突破口。

一、推动土地流转，盘活闲置土地资源

土地是农民增收致富的根本，是乡村振兴的核心资源。土地流转则是指农户保留承包权而将经营权转让给其他农户或者经济组织，这本质上是一种市场经济交换行为。自十一届三中全会中国实行家庭联产承包责任制后，每个农户在每户均不超过 10 亩地的土地上采取精耕细作的方式，这样只能解决农民基本的温饱问题，再加上平均地权的影响，农户的土地基本都是细碎化分配，严重影响着土地的规模化集约化经营。[①]此外，改革开放 40 年间，随着工业化城镇化快速发展，农民从事传统农业的收益也不断下降，生存处境的边缘化进一步导致农民“厌农”的情绪滋长，大量农村劳动力外流，农村土地闲置问题较为普遍，这也成为推动土地流转的主要因素。

国家自土地二轮延包政策实施后，也陆陆续续出台相关政策法规加大土地流转的政策引导力度。2013 年，十八届三中全会通过《中共中央关于全面深化改革若干重大问题的决定》，明确提出要赋予农民对承包地流转及承包经营权的抵押、担保、入股权能，由此为土地资产化改革提供了契机。2019 年 11 月，中共中央国务院公布《中共中央 国务院关于保持土地承包关系稳定并长久不变的意见》，强调保持土地集体所有、家庭承包经营的基本制度长久不变，保持农户依法承包集体土地的基本权利长久不变，保持农户承包地

---

① 朱冬亮．农民与土地渐行渐远——土地流转与“三权分置”制度实践［J］．中国社会科学，2020（7）：123-144+207.

稳定，这既有利于增强农民发展生产的信心，也有利于促进农村土地流转，发展适度规模经营，更有利于保障农村长治久安。2020 年 1 月，农村农业部发布《农村土地经营权流转管理办法》，为土地流转提供了强有力的政策保障。望江县依据中央相关土地流转政策，结合望江县农村空心化、人口老龄化、户均土地碎片化等县情，积极推进土地承包流转，截至 2023 年第三季度末，望江县农村耕地流转面积为 64.28 万亩，流转率达 67.79%，300 亩以上集中连片适度规模经营面积为 30.26 万亩，占比为 37.2%。集中连片的土地流转为望江县盘活土地资源，有效发展特色产业，壮大村集体经济提供了可能。同时，土地高流转率的成果为望江县进行“小田变大田”改革试点打牢了基础。（表 5–1）

表 5–1　2018—2023 年望江县土地流转情况统计[①]

年份	土地流转面积（万亩）	耕地流转总面积（万亩）	流转率（%）
2018	65.56	51.43	54.2
2019	69.11	53.14	56.19
2020	78.47	61.13	64.46
2021	78.54	62.67	66.50
2022	/	62.81	66.65
2023	/	64.28	67.79

① 注：土地流转面积中包含耕地面积、水面面积和山场面积，2023 年耕地流转面积统计截至第三季度末。

二、创建“宜业工坊”，促进农民就近就业

案例　赛口镇大河村:“唤醒”闲置土地，实现“小田变大田”

大河村位于赛口镇东南处，总面积为14288.25亩，其中耕地面积为10000余亩，旱地面积为2000亩，养殖水面面积为2375.1亩。全村共有村民小组22个，总户数为1001户4241人。

2021年大河村村“两委”换届以来，村党总支学习借鉴多方经验，综合措施，决定推深做实农村“三变改革”，顺利实现土地流转到村。大河村“两委”利用农闲时间，深入各村民组召开“板凳会”。积极动员村“两委”、村民组长、村民代表、种粮大户等化身“宣讲员”，耐心讲解流转政策，努力争取群众支持。经过300多场大大小小的“板凳会协商”，大河村成功将全村12087亩土地全部流转到村集体，申请注册了“安庆大河农业社会化服务有限公司”，将全村土地以入股的方式全部流转到了公司。同时，以小组为单位，由村民组长确认所在村民组各户土地亩数，并与村民签订流转意向合同。

依托大河农业社会化服务有限公司，大河村“两委”以统一种植优质稻油品种、统一技术服务支持、统一全程机械化耕种播收、统一采购农资产品的“四个统一”方式，统筹园区项目规划、资源开发、市场对接、技术引进、利益分配和设施配套。同时，村“两委”邀请中棉所、中油所、水稻农科院等科研院所专家，详细讲解不同农作物的生长习性、最佳种植期、施肥方法等种植技术和土壤肥力管理知识，“用活”土地资源，

提高作物产量和质量。

除此之外，大河村“两委”也聚焦农村产业融合发展，不断丰富乡村产业新业态，激活乡村产业新动能，始终坚持立足本地实际，将流转的土地按照每块40—50亩的标准科学划分为种植区和养殖区，大力发展“水稻+”种植产业。根据农副产品时令季节，举办春游赏花、黄梅戏展演、服装走秀等活动，吸引游客前来观光旅游，大力发展农旅产业。同时，借助线上直播带货同步推广农产品，持续拓宽销售渠道。每年可带动村级集体经济增收50万元、农民每亩增收400元、全村人均收入增长1200元。

2022年以来，望江县立足资源禀赋和特色产业优势，用好5年过渡期政策，学习借鉴浙江“共富工坊”经验，在原扶贫车间基础上，整合各类市场主体，全域创建“宜业工坊”，全力建设宜居宜业和美乡村。望江县对全县所有扶贫（衔接）资金投入形成的资产一次性确权到位。全县推出“产业赋能+”“就业载体+”“三产融合+”“商贸流通+”“家庭农场+”“园区工厂+”“就业创业孵化+”7种模式，支持村级因地制宜采取自主经营、租赁承包、联合开发等方式创建“宜业工坊”，带动村集体经济和村民双增收，由此使“宜业工坊”逐渐成为乡村的发展之坊、致富之坊。

目前来看，全域主要围绕纺织服装、绿色食品深加工两大主导产业，实施县经开区承载能力提升工程，加快高士新型环保建材、长岭纺织服装、鸦滩童装3个乡镇园区建设，打造特色产业集聚区。此外，望江县还依托国家级望江现代农业产业园和2个省级现代农业产业园，鼓励农村党员、能人大户、致富带头人发展“种养+”基地，通过“基地+农户”模式带动农户就近就业增收。目前，认定纺织服装类“宜业工坊”35家，绿色食品深加工类23家，省级长三角绿色农产品生产加工供应基地5家。

太慈镇红庙村“宜业工坊”依托“创润集团”蔬菜种植基地而建，该基地2018年落户红庙村，流转土地500亩，建设蔬菜大棚200余个，基地种植的蔬菜远销九江、武汉、上海、南昌等地，年产值达2000万元。基地常年带动周边100余名村民就业，其中约一半是脱贫人口，每年发放工资400多万元，让村民在家门口就能增收致富。“宜业工坊”一头连着农户，一头连着企业，在促进农村产业发展、农民就业增收的同时，还架起了“强村、富民、助企”的新桥梁。当走进坐落于望江县杨湾镇余埠村的“宜业工坊”创飞服饰公司时，130余名工人正在车间内忙着赶制摇粒绒马甲、防晒衣、羽绒服等服装，余埠村“宜业工坊”原是村里的扶贫车间。2017年至2021年，余埠村先后利用扶贫资金建成了三期共3000多平方米的扶贫车间，通过招商引资，两家服装企业先后进驻投产，100多位村民经过培训后进厂当上了产业工人，其中脱贫户近30人，人均年收入达4万元以上。

第三节　持续优化农村人居环境水平

推进乡村建设，实现乡村振兴，不仅要关注乡村的经济发展问题，更要全力改善乡村人居环境，塑造良好的乡村文化底蕴，使乡村能“拉”回人，留住人。在过去几年间，望江县在大力发展乡村产业，提升乡村经济发展水平的同时，持续优化农村人居环境水平。在推动基层环境改善工作时，望江县主要围绕住房改善、居住环境和文化发展三个方面创新工作经验。

一、推进村镇住房建设

“十三五”以来，为了打赢望江县脱贫攻坚战，保障农村住房安全，望江县住建局积极推动农村危房改造工作，并累计完成农村危房改造 5904 户，打卡发放补助资金 6997.8 万元，完成改造约 39 万平方米，完成投资 3.12 亿元，切实保障了脱贫攻坚时期贫困户的住房安全。此外，住建局还对全县 14.7 万户农村住房开展了安全性评定，建立了农村住房安全信息系统，实行了农村住房安全动态监管长效机制。根据“五清一改”的工作要求，住建局对农村长期限制废弃的 11413 户危房和残垣断壁，以及 14046 处独立在外的旱厕、猪圈等辅助性的用房进行了拆除工作，同时结合“农村三大革命”改厕项目的实施，大力开展了人居环境综合治理，全面落实农村危旧房屋“清零”行动，进一步改善了农村人居环境。

二、开展“清洁望江”行动

为了补齐公共卫生环境设施短板，有效落实城乡环境卫生清理整治工作，望江县全域开展“清洁望江”行动，整治农村人居环境。行动开展以来，望江县各乡镇也积极采取不同的方式有效激励村民开展村庄清洁行动。高士镇武昌村的抖音网红小伙，利用自身流量优势和当地黄梅戏文化优势，编排以“清洁望江”为主题的“黄梅小戏”和“黄梅短剧”，积极宣传清洁行动，让村民们在娱乐的同时提高自身清洁村庄的意识。箭坝村则注重运用基层女性力量，成立巾帼工作队，一方面从自身出发，率先开展庭院卫生打扫，清除门前杂物等行动；另一方面进行“线上 + 线下”宣讲等志愿服务活动，引导村民参与“五最美”等评比活动，从而营造良好的村居空间，提升村民的幸福度。漳湖镇六合村则另辟蹊径，村“两委”通过采取积分制乡村治理机制，成立生态美信用好积分超市，以积分兑换商品或奖金的形式，激励村民打扫好庭院和乡村街道的卫生，由此改善了六合村的人居环境。

清洁行动的开展，使得望江县基层环境相较之前大幅改善。良好的人居环境既提升了村民自身的生活幸福感，同时也为村镇开展三产融合发展工作、实现城乡有效联结带来了更多可能。

三、夯实基层公共文化阵地

为有效改善乡村面貌，丰富村民的精神生活，进而实现乡村农文旅融合发展，望江县大力推动乡村的公共文化设施建设。截至目前，望江县文旅体局已经建成了 133 个村级综合文化服务中心，135 个农家书屋，实现了各乡镇综合文化站免费开放，满足了各村镇公共文化需求。此外，望江县各村绝大多数都建立了乡村大舞台，为村民闲暇时间进行文娱活动（如观看黄梅戏）提供了平台，丰富了村民的生活。

第六章
坚持推进基层治理现代化

郡县治则天下安，县域兴则国家强。县域涵盖城镇与乡村，是承上启下、沟通条块、连接城乡的枢纽，是我国经济发展和社会治理的基本单元。县域治理是推进国家治理体系和治理能力现代化的重要一环，担负和扮演着承上启下的重要责任，“对上”要按照国家治理逻辑高效运行，有机衔接国家治理，落实国家治理的顶层设计，“对下”要作为城乡结合的关键节点，通过乡村治理、城乡融合发展等将国家治理的意图传导至基层社会。

2020 年 5 月，安徽省安庆市被中央政法委确定为全国第一批市域社会治理现代化试点城市。随后，望江县出台了《关于推进市域社会治理现代化试点工作的实施意见》《望江县推进市域社会治理现代化试点工作 2020—2022 年工作方案》，明确了试点改革的工作目标，制定工作责任分解清单，改革中进一步系统梳理任务清单，研究完善细化措施，制定《望江县网格化服务管理工作实施方案》《望江县村规民约和居民公约“大体检”工作方案》《望江县基层政法工作联动协作机制》等系统性文件，构建“1+4+N”的协作机制，相继出台了一批创新场景应用为市域社会治理赋能，试点创新实践成效显著。

第一节 持续完善治理体制机制

党的十九大以来，以习近平同志为核心的党中央从党和国家事业发展全局出发，深刻把握社会治理客观规律，与时俱进做出"推进市域社会治理现代化"的重大决策部署，对于推进中国式现代化具有重大意义。2020 年 11 月，习近平总书记作出重要指示，要求"以市域社会治理现代化、基层社会治理创新、平安创建活动为抓手，建设更高水平的平安中国"。2020 年，《中共中央、国务院关于加快推进社会治理现代化开创平安中国建设新局面的意见》要求"以市域社会治理现代化为切入点"。党的十九届四中全会对坚持和完善中国特色社会主义制度、推进国家治理体系和治理能力现代化进行了全面部署，明确要求"加快推进市域社会治理现代化"。十九届五中全会《中共中央关于制定国民经济和社会发展第十四个五年规划和二〇三五年远景目标的建议》（以下简称《建议》）和十三届全国人大四次会议审议通过的《中华人民共和国国民经济和社会发展第十四个五年规划和 2035 年远景目标纲要（草案）》明确把"推进市域社会治理现代化"纳入国民经济和社会发展"十四五"规划和 2035 年远景目标。党的二十大报告把"加快推进市域社会治理现代化，提高市域社会治理能力"纳入中国式现代化大局。新时代新征程上，系列文件要求"充分发挥市域在制度建设、资源统筹、手段方法、技术支撑等方面的独特优势，做好顶层设计、政策制定、组织推动等工作，探索具有中国特色、市域特点、时代特征、治理特性的社会治理新路子”。

市域社会治理现代化试点是社会治理创新的试验田。2020 年 2 月，《全国市域社会治理现代化试点工作指引》明确了市域社会治理体制现代化、治理工作布局现代化、治理方式现代化三大板块，将坚持和完善社会治理制度贯穿其中，提出 16 项重点任务和 86 项基本要求，试点以三年为一期。此次全国多个城市同步推进市域社会治理现代化国家试点，旨在完善国家治理现代化制度体系建设与总结推广社会治理先进地区经验，各试点城市必须采取项目化管理，压实责任、挂图作战、逐项落实。

2020 年 5 月，安庆市被中央政法委确定为全国第一批市域社会治理现代化试点城市。2020 年 9 月，望江县出台了《关于推进市域社会治理现代化试点工作的实施意见》，启动实施“三年行动计划”。2021 年，望江县召开“十四五”规划和 2035 年远景目标的建议社会治理专题征求意见建议座谈会，要求补齐社会治理的短板，创新“网格化 +”“雪亮工程 +”“综治中心 +”“三孝调解 +”“村民小组长 +”等平台队伍建设，着力推进平安望江、智慧望江、诚信望江、幸福望江建设再上新台阶。市域社会治理的“望江样本”，既具有国家整体统揽“规定动作”的普适性，又兼备地方创新实践“自选动作”的独特性。立足望江县实践，能够探求迈向现代化市域社会治理的方向路径。

望江县坚持以习近平新时代中国特色社会主义思想为指导，深入贯彻落实党的二十大精神，牢牢把握坚持和完善共建共治共享社会治理制度的总要求，坚持和发展新时代“枫桥经验”，通过完善社会治理体制、创新基层社会治理方式，望江县社会治理能力得到有效提升，为经济社会发展营造安全稳定的社会环境、公平正义的法治环境及优质高效的服务环境，成功跻身省、市平安建设先进行列。

一、加强领导，顶格推进

党的十九届四中全会审议通过的《中共中央关于坚持和完善中国特色社会主义制度、推进国家治理体系和治理能力现代化若干重大问题的决定》指出：“社会治理是国家治理的重要方面”，“要把党的领导落实到国家治理各领域各方面各环节”。县域治理现代化，必须始终在党的领导下扎实推进，通过有效的顶层设计、制度安排和政策改进，充分发挥各级党委在县域社会治理现代化试点工作中总揽全局、协调各方的领导作用，从而保证县域社会治理始终能够按照党指引的方向和人民的意愿前进。

望江县充分发挥县委“一线指挥部”作用，严格执行县委常委会、周工作例会、月度工作推进会等制度，建立重点工作指挥部，及时研究解决经济、民生、稳定等涉及全局性、根本性、战略性的重大问题。建立健全发现问题、加强督查、解决落实、反馈提升的工作机制，构建党委领导、政府负责、社会协同、公众参与机制，横向构筑共治同心圆，纵向打造善治指挥链，增强了推进县域治理现代化的向心力。

2020 年 9 月 28 日，望江县成立社会治理现代化试点工作领导小组，县委、人大、政府、政协主要负责同志担任组长，县委副书记任第一副组长，政法委书记任常务副组长，办公室设在县委政法委。该机构有县委办等 55 个成员单位，领导小组下设平安建设、防范风险、基层建设、数字治理、宣传引导、纪律保障 6 个专项小组和网格化管理、三孝调解、村民小组长队伍建设、推行“一约四会”、两商衔接 5 个特色工作专班。望江县成立推进市域社会治理现代化试点工作领导小组，县委、县政府主要负责同志认真履行第一责任人职责，定期听取汇报并及时研究解决重大问题，加强各级平安办机构和队伍建设。

二、健全机制，有序推进

望江县始终把党的领导作为推进县域社会治理现代化试点的根本保证，充分发挥各级党组织牵头抓总、统筹协调、督办落实等作用，全面构建落实党中央关于市域社会治理现代化决策部署的整体设计和推进路径，推动改革各项任务落到实处。

望江县以党的领导为根本遵循，以强县富民为主线，以改革发展为动力，以城乡贯通为途径，聚焦人民日益增长的美好生活需要，推动改革任务落地落实，为新时代县域治理能力现代化建设打下了良好的基础。

望江县以推进平安建设为抓手，着力推动社会治理现代化。就其机制来看，望江县的平安建设领导小组及其办公室主要做好工作统筹、组织协调、督促指导工作，各专项小组则发挥好牵头作用，加强跟踪问效。各乡镇、各单位比照县里成立组织架构，党政“一把手”亲自抓、负总责，推动工作扎实有效开展。5个特色工作专班积极探索，出台配套实施办法和细则，及时总结提炼经验并上升固化为制度。宣传部门注重及时跟进，挖掘先进典型，加大宣传力度，营造良好舆论氛围。纪检监察部门切实履行监督职责，整治社会治理领域的形式主义官僚主义。财政部门为推进试点工作提供必要的经费保障。其他县直单位以及工会、共青团、妇联等群团组织找准定位、各司其职，主动融入、积极作为。

在具体的工作制度上，望江县明确县直单位工作职责，健全县直成员单位与行政村的平安建设定点联系机制，58个成员单位每季度下沉帮扶指导不少于一次。强化督促考核，县领导小组至少每半年开展一次督查，每年至少专题听取一次关于社会治理的汇报。同时，将社会治理各项工作纳入平安建设考评体系，并按权重纳入县目标管理综合考核，严格兑现奖惩。望江县统筹布局，完善机制，从严从实，科学推进，彰显了坚定的政治自觉和强烈的责任担当。

三、立足试点，全力推进

自安庆市争创全国第一批市域社会治理现代化试点以来，望江县积极投身、主动作为，强化党委领导，注重改革创新，大胆实践探索，集中力量做强市域治理、做实基层治理、做精网格治理。快速城市化考验着城市治理能力和水平，传统“碎片化”社会治理模式在治理主体、治理方式、治理体制等方面，不能适应大流动、大融合的城市发展趋势，更不能满足新时代高质量发展的目标要求。

以往望江县在治理中也遇到了许多问题：治理体制运转还不够顺畅，部门协同配合意识不强，基层治理基础薄弱，基层网格赋能不足、作用发挥不明显，治理方式陈旧，缺乏信息化、智慧化的治理手段等。这些短板和问题，是实现市域治理现代化必须直面和解决的痛点、难点。望江县迎难而上，主动作为，始终坚持以习近平新时代中国特色社会主义思想为指导，认真贯彻落实党的重要会议精神，紧紧围绕推进社会治理现代化的总要求，坚持以人民为中心的发展理念，完善健全共建共治共享的社会治理制度，望江县县域社会治理系统化、社会化、精细化、精准化、智能化、法治化水平全面提升。特别是在群众的民意动员和社会参与方面，望江县聚焦组织引领共建共治共享的治理模式，让基层社会焕发出了更强的活力，为新时代推进市域社会治理现代化打下了良好的基础。

第二节　积极试点社会治理模式

市域社会治理是国家治理在市域范围的具体实施，依托城市及其周边区域开展公共事务治理活动，在国家治理中具有承上启下的枢纽作用。市域社会治理既要贯彻落实中央关于国家治理的决策部署、制度安排、任务要求，又要立足本地区实际进行统筹谋划、周密部署、实践创新。市域层面具有较为完备的社会治理体系，具有解决社会治理中重大矛盾问题的资源和能力，是将风险隐患化解在萌芽、解决在基层的最直接、最有效力的治理层级，处于推进基层治理现代化的前线位置。市域社会治理做得怎么样，事关顶层设计落实落地、事关市域社会和谐稳定、事关党和国家长治久安。

望江县作为安庆市市域社会治理现代化试点的构成单元之一，不仅注重着力改革实践，而且聚焦“制度创新”与“理论创新”两大关键，不断夯实基层社会治理现代化改革的制度体系和理论基础，充分发挥典型引领带动作用。望江县牢牢把握市域社会治理现代化试点契机，完善基层党组织架构体系，以党支部下沉为抓手，破解传统支部“悬空”难题，探索出一条“党建引领”的有效路径。具体而言，就是将支部引领落实于日常生活，重新构建起党支部、党员、群众的利益共同体、命运共同体，以此化解党组织脱离党员、脱离群众的新危险。

一、重心下移：激活组织神经末梢

望江县围绕基层党建重心下移，灵活设置党支部，力求打破组织悬空障碍，将党建根基延伸到最基层。

（一）坐实底盘，让支部“接地气”

望江县积极探索党建新路径，持续深化“一抓双促”工程，以基层党组织标准化规范化建设和党支部建设提升行动为抓手，充分发挥基层党组织在政策引领、组织协调、发动群众等方面的优势，促进各项决策部署落到实处。

下沉党组织单元，党组织从此不再如以往“高高在上”。一是建起组织联系单元。从 2022 年开始，围绕“提升党的组织生活质效”重难点课题攻关，望江县出台《关于进一步规范基层党组织“三会一课”从严落实组织生活制度的通知》《关于进一步规范组织生活制度提升组织生活质效的通知》等，细化实化组织生活指导督导要求。优化调整各级党委（党组）书记及领导干部党支部工作联系点459个。成立10个督导组对全县10个乡镇、3个街道、61个县直单位领导班子民主生活会进行全覆盖督导。这样，基层党组织就有了坚实的堡垒。二是建实党建发展基地。按照“项目化、具体化、责任化、品牌化”要求，制定出台《望江县乡村组织振兴实施方案》，开展农村基层党建“整乡推进”示范创建行动，打造市级乡村干部实训基地（望马楼村），为乡村振兴提供坚强的组织保证。

（二）重塑内核，让支部“得力气”

针对属地过度、权责失衡和人才流失等难题，只有将“授权赋能”理念嵌入社区治理的全过程，才能有效呼应当前社区治理重心下移、激发活力和高质量发展的时代趋势。望江着力加强基层治理能力建设，让街道、社区有时间精力、有职能职权、有稳定队伍来开展基层治理。以往党支部规模过大，引领作用难发挥。支部下沉后，党支部力量得以重新集聚，发挥引领作用也更为有力。

其一，配强支部班子，增强组织凝聚力。望江县以村（社区）“两委”换届工作为契机，通过“五个一批”方式选优配强村级班子，新一届村（社区）“两委”班子成员973人，135个村（社区）全部实现书记、主任“一肩挑”，班子结构全面优化，圆满实现了换出新班子、换出新气象的目标。加强待遇保障，连续10年提升村干部报酬水平，目前望江县村级正职基本报酬为2800/人·月，村“两委”其他成员的基本报酬为2350元/人·月。确定村级干部绩效报酬为5000元—10000元/人·年，继续实行在职村干部养老保险、人身意外伤害保险、医疗保险全覆盖。其二，整合资源，壮实组织领导力。望江县大力推广“飞地抱团”发展模式，以“土地 + 资金”将“弱村 + 强村”组合带动整体发展，2023 年共申报资源利用型、土地流转型、联合发展型等不同类型扶持壮大集体经济项目 11 个，注入扶持资金 560 万元。其三，强化非公担当。引导非公企业积极参与“万企兴万村”活动，80 家非公企业积极行动，与 55 个结对共建村主动联系对接，有力推动乡村振兴。安徽联河集团推出“四大振兴模式”，持续带动更多农民稳定增收致富，打造了“党旗高飘扬、联河米飘香”党建品牌，走出了党建引领、产业发展与乡村振兴的“多赢”之路。

（三）内领外联，让支部“有人气”

支部强不强，班子作用是关键。望江县采取“上挂、遴选、直推”等方式，把对党忠诚、自身干净、服务意识强、有群众基础的党员同志放到党支部书记的位子上来。建立正向激励机制，加大督促考核，对干得好的支部书记加大物质奖励或者提拔使用，让支部书记们干着有奔头。加大对支部班子成员的培训力度，提高他们做好党务工作的综合能力。支部班子成员也要增强主动性，发挥引领示范作用，积极主动做好支部组织群众、宣传群众、凝聚群众、服务群众的工作。望江县在支部下沉后，积极发挥党支部的枢纽功能，以党为核心，聚合、盘活社会力量。2023 年以来，全县 65 个脱贫村、乡村振兴示范村、乡村振兴重点推进村和红色村实现了选派干部全覆盖。下发《选派工作提示函》9 期，指导各乡镇每季度通过开展选派干部座谈会、组织工作例会等方式，重点加强产业发展、乡村治理、基层党建等方面的培训。

船桨能使船动起来、走起来，支部活动就如同船桨的作用一样，是激活支部活力的重要载体。各党支部要严格落实好“三会一课”、谈心谈话、民主评议党员、党内关怀等制度，使组织生活正常起来、严肃起来。要依托“支部主题党日”等载体，创新性开展一些“党味”浓、党员群众喜闻乐见的更加灵活的活动，以活动的开展来提升党员群众凝聚力和社会号召力，使党支部像吸铁石一样把党员群众紧紧凝聚在一起。望江县在全县各级各行业各领域 1202 个党组织全覆盖实施了基层党建“书记项目”或“书记领办事项”，其中“书记项目”165 个、“书记领办事项”1037 个。

案例：凉泉乡五老议事包片包干化解萌芽矛盾

2021 年 10 月，凉泉乡被国家农业农村部等部门认定为全国乡村治理示范乡镇。2019 年，通过学习“枫桥经验”，该乡湖滨村创立“五老”工作站、“老周说事”等基层社会治理品牌。五老议事是充分发挥“五老”人员（老劳模、老党员、老干部、老村民组长、老乡贤）作用，切实推动矛盾纠纷排查化解工作，初步实现“小事不出村、大事不出乡、矛盾不上交”格局。一是实行包片包干制度，明确专人负责五老全面工作，五老成员分 6 个片实施包片、包组，明确责任，以党员网格化、屋场理事会包保到户，推行党员、理事会成员、网格长带头执行、落实上级任务，及时掌握农户情况，并及时向村委会汇报群众反映事实情况。二是定时定期召开例会，每月 28 日，五老定期召开月例会，研究解决矛盾纠纷处理、群众反映的需求、文明创建、道德模范、环境卫生检查问题，每季度集中全村进行一次检查评比，及时梳理问题并限期整改。三是加强评先评优，以弘扬孝贤文化为引领，二十四孝的典故全部绘制上墙，通过“道德文化大讲堂”“孝贤道德模范榜”，大力宣传关心集体、孝敬父母等先进典型和好人好事，给全村树正气，树新风。开展移风易俗树新风活动，达到了破旧习、节俭办、树新风的目的，从而形成环境优美、管理民主、风清气正、共建美好的良好态势。

二、支部转型：打通基层组织关节

为增强基层党组织实力，望江县在建好党支部的基础上，还促进了支部的职能转型，让党支部在下沉中真正活了起来。

（一）变悬空型组织为融入型组织

建在行政村的党支部被看作定期参与组织生活会的“开会组织”，望江县将支部下沉到村组，改变了支部领导方式与活动方式，增强了群众对党的认识与认同。一方面，打通由上至下的传达渠道。支部融入群众中，让党与政府的政策能直达社会末梢。2021 年 10 月，县委政法委、县人民法院、县人民检察院、县公安局、县司法局联合印发《望江县夯实基层政法工作联动协作机制》，构建“1+4+N”协作机制，由乡街党委牵头，依托乡街综治中心，有效整合基层人民法庭、检察联络室、派出所、司法所等基层政法力量，相关涉事的镇直单位、村（社区）、各类矛盾纠纷调解组织，形成党委领导、政法主导、各方参与的联动协作工作机制，实现风险共防、信息共享、问题共商、优势互补，确保在法治轨道上推进基层治理体系和治理能力现代化。自该机制建立以来，共推送政法工作动态 3755 条、信息预警 371 条，使风险隐患发现在苗头、处置在前端；通过例会研判化解 45 起复杂矛盾纠纷、14 起信访积案；组织治安巡逻 8353 次、开展普法宣传教育 1271 场次，走访联系特殊人群 29585 人次，收集案件线索 281 条，成功调处矛盾纠纷 3250 起。城乡群防群治水平稳步提升；打造“望平安”志愿服务队品牌，应急局牵头蓝天救援志愿服务分队，县卫健委牵头白衣天使志愿服务分队，县妇联牵头红色巾帼志愿服务分队，县交通局牵头绿色出行志愿服务分队，县城管局牵头橙色力量志愿服务分队，县市场监督管理局牵头多彩生活志愿服务分队，在政策宣传、隐患摸排、纠纷调处等领域发挥了重要作用。

（二）变执行型组织为引领型组织

长期以来，党支部作用被限制在了执行上传下达和交办的党务工作上，引领作用难以发挥。支部下沉有效摆正了基层党组织的地位，重塑了其引领核心。在推进村（社区）党组织建设过程中，望江县针对不同地域的党组织制定各有针对性的建设要求，农村社区有农村习俗的“土做法”，城市社区有城区发展的“新思路”，有的放矢、因地制宜地让党的政策自上而下更加顺畅、更加适宜。企业的发展离不开各级党组织的支持，望江县从教育引导入手，让非公企业管理者充分认识到开展党建工作的重要性，激发他们的主观能动性，积极开展党建工作，融党组织建设于企业发展过程当中，提升非公党建工作质效。强化对机关单位支部的督促指导，常态化开展“六查六看”等行动，把机关支部建设作为年度目标管理考核的重要分值项目，把支部建设与各单位主要负责人的年度考核相挂钩，强化了领导引领作用。

（三）变空转型组织为实干型组织

重织利益纽带、激活主体参与，望江县加强组织建设，让党组织拥有发挥作用的能力与动力。以望江县数据资源管理局党支部为例，积极担当，将党建引领融入政务服务中，以推动“大综窗”改革为己任，成功解决了群众服务中的“最后一米”难题。他们总结出了一套独特的“一二三四五”支部工作法，以此为基础打造了党建引领“大综窗”改革的特色品牌。在这个过程中，该局明确了三个“零承诺”的目标。首先，他们确保党群联系“零距离”，通过设立党员示范岗、完善便民措施、提供自助取号设备、建立畅通的服务热线等方式，建立了全天候、立体化的服务平台，让群众能够随时得到帮助。其次，他们承诺当日业务“零积压”，党员们带头提出了这一标准，坚守“不送走最后一名办事群众，绝不下班”的承诺。最后，他们力求党员服务“零投诉”，通过定期梳理和分析群众的意见和建议，制定整改清单，挂单作战，以实现零投诉为目标，提升整体服务质量，为望江县打造营商环境金招牌。经过“党建＋大综窗”改革，群众等候时间减少了50%以上，审批时间、审批环节、审批材料等分别减少了30%、40%、15%以上。这一过程最大程度地惠民利企，真正实现了党建与业务的深度融合，将空转型组织转变为了实干型组织，为望江县的发展贡献了积极的力量。

案例：鸦滩镇“党群说事”激活乡村治理神经末梢

近年来，鸦滩镇积极发挥“党群说事”作用，从群众提事、村组议事、党群说事、党委说事、按章办事这五方面发力，聚焦经济发展、乡村振兴和治理堵点，坚持“小事不出组、大事不出村”，激活乡村治理的“末梢神经”。一是纠纷化解有力有效。自“党群说事”纵深推进以来，2023年共接待处理群众反映土地、债务等涉及群众切身利益问题69余件，成功解决群众矛盾纠纷65起，收集群众意见建议300余条。利用村组板凳会议的方式，推动“党群说事”成员和村干部下沉一线，“沉浸式”开展政策宣讲365场。二是干群关系和谐融洽。“党群说事”平台让群众的话有地说、有人听、有记录；让群众的诉求有地反映、有人过问、有处落实。如，在三联村戴家墩省级中心村建设过程中，通过“党群说事”，拆违拆旧工作顺利推进，真正让群众参与中心村建设，密切了党群干群关系。三是服务经济发展大局。通过“党群说事”工作法，进一步调动了党员代表和群众代表工作的积极性，为村级经济发展积极建言献策，村“两委”成员还可以从繁杂的事务中抽出更多时间精力抓经济、谋发展，为推进经济发展营造了一个良好的发展环境。

三、创新实践：基层治理“12345模式”

“1”张网格守平安。成立网格化管理工作领导小组，由县政府县长李木林任组长，民政局局长任网格化管理工作领导小组办公室主任，负责网格化管理的组织部署、日常指导、监督考评等具体工作，制定《望江县网格化服务管理工作实施方案》。各乡镇明确专人负责网格化服务管理工作，网格信息员绩效考核由民政局牵头负责。形成政府主导、政法委牵头协调、民政具体负责、有关部门密切配合、社会各方共同参与的市域社会治理现代化工作格局。科学合理划分网格。乡镇、村根据实际情况科学合理划分网格，10 个乡镇分别设置一级网格，135 个村（社区）设置二级网格，村以下划片设置三级网格，各村（居）民小组原则上划分为四级网格。按照“多网合一、一员多能”的要求，整合基层党建、平安建设、乡村振兴、防汛防火、疫情防控等各类网格资源，实现“全县一张网”，建立一个共建、共治、共享的最基础的服务管理平台，形成以网格为最基本治理责任单元的精细化管理模式。优化网格员队伍建设。一级网格长由各乡镇乡镇长担任。二级网格长为村（社区）党组织书记；同时，各村明确专人为网格信息员。三级网格长为各片片干（指村“两委”成员）。四级网格员一般由村（居）民小组长、单元长（联防长）担任，并整合“五老”、“两代表一委员”、党小组长或其他志愿者等资源。

优化网格队伍，研究制定《望江县网格化服务管理工作实施方案》，明确将全县划分成乡、村、片、组 4 级网格，整合各类资源，构建“网格长 + 网格员 + 志愿者”的网格化服务管理工作体系，科学合理划分网格 1011 个，明确网格员工作职责，评选网格信息员 135 人。2023 年，开展网格员专题培训 5 场次，表彰奖励优秀网格员 20 余万元，常态化开展反电诈等法规宣传，15 个村成为首批无诈村，将优秀网格员纳入后备干部人选，充分激发网格作用。规范群防群治，制定《推进群防群治工作实施方案》，建设以村（社区）干部、小组长、党员、退伍军人为主体的巡逻队伍。佩戴红马甲、红袖章，携带手电、小喇叭，发挥宣传员、服务员和调解员“三员”作用，组建群防群治队伍共178支、1609人，2023年累计开展治安巡逻3560场次，化解矛盾纠纷784件。创新志愿服务，成立“望平安”志愿服务队，分别由蓝天救援志愿服务分队、白衣天使志愿服务分队、红色巾帼志愿服务分队、绿色出行志愿服务分队、橙色力量志愿服务分队、多彩生活志愿服务分队6支队伍组成，弘扬“志愿、友爱、互助、进步”的志愿服务精神，对表现突出的平安志愿者推荐“望江好人、见义勇为”等予以表彰，服务群众、守护平安。

“2”商衔接办实事。强化机制建设，让两商衔接“实”起来。坚持高位推动机制。在县委指导下，县政协调整了全县基层协商民主建设工作领导小组，召开“两商衔接”工作推进会，全面夯实“两商衔接”工作基础。建立常态化走访工作机制。县政协主席会议成员按照分工，到各自联系乡镇开展“访乡村、商治理”活动，督促“两商衔接”工作开展，指导基层协商议事会议平台建设。建立一对一抓示范点机制，主席会议成员与各专委会负责人亲自抓“两商衔接”工作示范点建设，打造“两商衔接”工作典型。

搭建协商平台，让两商衔接“活”起来。按照“党委领导、政协指导、基层实践、群众主体、服务发展”的原则，建设“六有”（即有人员、有场地、有设施、有制度、有档案、有氛围）、“有事好商量”阵地，为推进政协协商与基层协商有效衔接，拓宽基层群众有序政治参与渠道，促进政协协商与基层社会治理有机融合。已建成 13 个乡镇（街道）及开发区本级协商议事会议，133 个村（社区）和 3 个企业协商议事会议，围绕抗旱保收水利灌溉、农村人居环境整治等课题开展协商意识活动 398 余次，解决了一批事关发展和民生的问题。提升工作质效，让两商衔接“强”起来。平台载体有创新。漳湖镇创新实施“联党代表促党建、联委员促履职、联群众促和谐、联部门促民主”的“四联四促”工作机制。鸦滩镇“三个坚持”发挥委员履职作用。坚持“线上”与“线下”同行，坚持“搭台”与“唱戏”同步，坚持“献策”与“实践”同向。工作方法有创新。华阳镇把握“首在规范，实在调研，贵在协商，重在落实”四个关键开展协商活动。高士镇结合镇“书记项目”，充分发挥村民小组长及老党员、老干部的带动作用。太慈镇提炼总结“三速两提一改”工作法，把“两商衔接”作为乡村治理有效的关键抓手，不断深化“协商 + 共治”的基层社会治理新模式。基层实践有创新。赛口镇率先将“两商衔接”工作推进纳入年度目标考核。凉泉乡与阿里巴巴集团合作，推进“数字凉泉”建设，充分运用信息化、网络化、智能化技术手段，努力实现协商形式和协商内容的匹配、协商程序和协商效率的统一。长岭镇太白村在协商方式上，采取“会场 + 现场”“固定 + 移动”“集中 + 分散”“线上 + 线下”等多种协商模式，把“协商议事会”融入村组日常工作，把会议开到群众“家门口”“心窝里”。强化工作质效，开展协商议事活动 398 余次，解决了一批事关发展和民生的问题。

“3”孝调解促和谐。大力弘扬三孝典故，宣传“小孝持家、中孝敬业、大孝爱国”的孝德孝义，推行三孝调解六步工作法，更好地解决矛盾和纠纷。通过弘扬三孝文化，唤起人们对家庭、职业和国家的责任感和道德意识，进一步推动社会公德和个人品德的发展。同时，通过宣传“小孝持家、中孝敬业、大孝爱国”的孝德孝义，引导人们以孝为先，注重家庭和睦、职业道德和社会责任感，从而构建和谐社会。为进一步宣传望江县三孝调解品牌，调动人民调解员工作的积极性，提升人民调解员工作的荣誉感和责任感，弘扬新时代“枫桥经验”。加强调解阵地建设。组建县矛盾纠纷调处中心，下设综调委、交调委、医调委、访调委、婚调委、商调委、知调委、金调委，共受理调解纠纷 313 件，其中县法院探索“法院 + 金调委”契合金融行业矛盾纠纷多元化解的全新模式，调解成功了 182 起纠纷，调解成功案件标的约为 2.4 亿元。为扩大调解覆盖面，望江县共设立“三孝调解工作室”154 个，覆盖县、乡（街道）、村（社区）三级人民调解委员会，基本实现了人民调解组织横向到边、纵向到底的网络，为维护望江经济社会稳定发展提供了坚强的保障。安排专人负责，确保工作室的工作有序进行，并且能够灵活运用多种调解方法，满足不同情况的需求。通过主动发现矛盾，及时调解纠纷，避免矛盾升级成更大的问题，从而维护社会稳定。三孝调解“六字诀”的实施，帮助三孝调解室的调解员更好地了解矛盾和纠纷的主要问题，及时解决各类矛盾纠纷，实现“小事不出村，大事不出镇，矛盾不上交”的目标。截至 2023 年 10 月底，各级人民调解组织共排查调解各类矛盾纠纷 2033 件，调解成功 2012

件，调解中21件。建立调解专业队伍。组建望江县矛盾纠纷调处中心，整合资源，通过下设多个功能室和专业性行业性调解队伍，望江县矛调中心可以更好地应对各种矛盾和纠纷，提供更加专业和全面的调解服务。调解工作室则是为当事人提供更加专业的调解服务。此外，返聘近年退休的政法和卫健部门等长期工作在矛盾纠纷调解一线的工作人员，可以为中心提供宝贵的工作经验和专业的技能，进一步增强调解队伍的实力和专业水平。

一约“4”会绘新风。“一约四会”全覆盖。全县所有村（社区）全部成立了村规民约、村民议事会、道德评议会、红白理事会、禁毒禁赌会“一约四会”，为助力乡村振兴提供了有力保障。村规民约扎实推进基层移风易俗、丧事大操大办整治、农村人居环境整治、美丽乡村建设等工作深入开展。村民议事会将移风易俗工作纳入会议议事日程，营造发动群众广泛参与移风易俗的良好氛围。道德评议会，贯彻落实《公民道德建设实施纲要》和《村规民约》，营造良好的村风民风。红白理事会向村民宣传党的方针、政策，引导群众移风易俗。禁毒禁赌会积极向村民宣传国家有关法律法规和禁毒知识，提高全民禁毒禁赌意识，营造人人禁毒禁赌、人人拒毒拒赌的社会氛围。活动有声有色。以婚丧嫁娶新风、文化生活新风、环境治理、疫情防控知识（卫生习惯）新风、节日庆典新风、文明祭祀新风等为主题，开展“理事会长话新风”专题宣讲活动，常态化组织志愿者上户宣传，宣讲好经验好做法及典型事例。2022年，全县10个乡镇新时代文明实践所（站）累计组织志愿者1500余人次，开展百姓宣讲活动40余场、发放宣传单（倡议书）

共计47000余份，推进和美乡村建设。工作成效频现。印发《开展移风易俗弘扬时代新风行动的实施方案》《村规民约和居民公约“大体检”工作方案》。2020年，望江县杨湾镇杨闸村和凉泉乡太华村村规民约获得安徽省民政厅等七部门《关于命名全省优秀村规民约和居民公约的通知》文件命名，并编入《安徽省优秀村规民约和居民公约》。同年，望江县8个村的优秀村规民约获得县级表彰。

“5”位联动聚合力。依托乡镇（街道）综治中心平台，创建由“乡镇政法委员牵头，法、检、公、司等基层政法力量主导，有关镇直机关、村（社区）及各类矛盾纠纷调处组织参与”的“1+4+N”基层政法联动协作机制，推动基层治理资源在一线汇聚、力量向一线下沉、问题在一线解决。2022年，望江县获评为“全国信访工作示范县”“全省平安建设优秀县”。管控联动。出台《特殊人群服务管理一本通》《特殊人群服务管理工作机制（试行）》等制度，按照“月统计、季调度、年考核”工作模式，分级建立12类重点人员服务管理台账资料，每月召开例会分析解决重点人员服务管理问题，定期开展走访服务，实现“全覆盖、无缝隙”精准掌控，确保服务工作落细落实，近年来，全县未发生重点人员失控漏管事件。预防联动。融合“三孝调解+N”矛盾多元化解、矛盾纠纷排查调处例会和警民议事厅等工作机制，建强用好“一站式”矛盾纠纷化解平台，推广“五老议事”“党群说事”“综治警务中心”等做法，实现矛盾纠纷发现在早、化解在小。自2021年10月以来，全县成功运用“1+4+N”机制化解风险隐患1130起，实现了“四个不发生”。服务联动。强化“党建+信访”等四项工作机制，落实轮流接访、包案化解信访机制和政法委系统四级联动接访机制，县级领导干部接访群众194批313人次、化解信访问题156件，各乡镇（街道）党政班子接访群众488批次、化解信访问题364件。出台《全县政法机关“一改两为”实施意见》，优化提升法治化营商环境措施10条，各乡镇政法委员组织成立惠企法律服务团队，为企业提供服务700余次，助推经济高质量发展。基层联动。出台《县委政法委机关联系乡镇工作制度》《平安建设领导小组平安建设联系点工作制度》等制度，机关全体干部、58个平安建设成员单位分别联系全县135个村（社区），定期到点工作检查、调研或指导，推动各地工作有目标、有重点、有责任，及时补缺补差，将平安建设工作落地落实落细。

案例：赛口镇综治警务中心持续走访排查急难愁盼

2022年以来，望江县赛口镇创建综治警务中心，创新“五个强化”常态走访机制、“七位一体”矛盾调解机制，形成警民联动机制，赛口派出所于2022年11月被省公安厅命名为“安徽省枫桥式公安派出所”；2023年6月，王屋岭警务室被评为“全省标杆警务室”；2023年11月，赛口镇大河村被评为“全国乡村治理示范村镇”。一是创新“五个强化”常态走访机制，围绕重点对象、重点问题、基础防控、社区民意等方面强化走访排查，建立“民忧档案”，组建群防群治队伍11支，开展夜间治安巡逻600余次，成功预防电信诈骗案件31起，为群众挽回经济损失31余万元。二是打造“七位一体”矛盾调解机制，形成由村（社区）书记、治保主任、民警，乡镇部门负责人、司法行政工作人员，群众代表、公益律师等参加的矛盾纠纷联调机制，常态化排查调处风险隐患，成功预防民转刑案件14起，救助群众400余人次，化解矛盾纠纷573起。三是形成警民联动机制，搭建“警民议事厅”微信群32个，组织8000余名群众参与，发现黄赌毒案件线索54起，查处违法犯罪案件24起，抓获违法行为人158人，接受群众咨询业务4000余人次，受理各类业务1000余起，送证上门400余张，收集群众意见建议21条，群众安全感和满意度双提升。

第三节　创新应用高效治理方式

一、数字赋能，高效治理

中央深改委十八次会议上，习近平总书记提出在“原有制度框架内搞好精装修”的要求，作为一项整体性改革的市域社会治理现代化试点，兼具灵活性与非稳定性问题，为确保改革依照既定目标有序推进，以及改革方案创新举措的可复制、可推广、可持续，必须强化制度保障。坚持顶层设计与地方立法有序推进，建立完备规范的市域社会治理法治体系，地方改革探索中要用足用好地方立法权，以地方立法形式为改革创新提供有力支持。地方政府应遵循法治思维与法治方式，加强与立法部门的协作，及时审查创新方案，应对改革需要制定市域社会治理领域的规章制度，成为各主体参与公共事务治理的基本遵循，确保各项改革在法治轨道上有序进行。同时，职能部门通过建章立制，建立诸如干部容错纠错制度、部门权责清单制度等一揽子配套制度体系，理顺治理主体之间的权责关系，确保改革运行有规可依。党的十九届四中全会提出“建立健全运用互联网、大数据、人工智能等技术手段进行行政管理的制度规则”。望江县也进一步探索数字技术赋能社会治理改革，从技术理性向制度理性转变，进一步加强理论体系和制度体系建设，不断深化“政府引导 + 社会参与 + 专家集智”的数字化改革理论和制度研究机制。

在数字化改革的背景下，望江县强化智治支撑作用，推动信息科技与社会治理深度融合，不断运用数字赋能增强市域社会治理数字化水平。

一是夯实治理阵地。出台《望江县推进乡村两级综治中心标准化建设实施方案》，印发《关于加强乡镇综治中心规范化运行的通知》，建立矛盾纠纷联调等 6 个机制，县、乡、村三级综治中心全面建成，实现矛盾纠纷调处中心、信访接待中心、监控指挥中心、法律援助中心联动运行，督导乡镇（街道）综治中心运行情况，年度通报并完成整改问题 9 个，确保综治中心平台发挥作用。

二是强化信息建设。全面完成县、乡、村三级视联网会议系统建设，全县 13 个乡镇（街道）、135 个行政村（社区）及开发区视联网全覆盖，实现市、县、乡、村四级视频会议系统级联贯通。率先完成“雪亮工程”竣工验收，于 2021 年 9 月在全市率先完成验收。2022 年望江县又新增 4102 个“雪亮 + 平安乡村”视频监控，同时整合公共场所视频资源 17697 路，为全县农村地区的重点场所、重要卡口提供可视化支撑，城乡交通要道、公共场所基本实现视频监控全覆盖，进一步织密了监控盲区，有效夯实了社会治安防控的基础，仅太慈镇九龙村就找回走失的精神障碍患者 3 人、挽救落水儿童 1 人、挽回各类财产损失 8 万元。

三是强化平台应用。依托综治信息化平台做好应有工作，抓实有人口完善和人房关联，全县登记人口数 650000 人，实有人口信息完善比例 91.71%，人房关联数 624006，人房关联比例 96%，该项工作位居全市先进行列；抓实矛盾纠纷排查调处，上报事件数 1221 件，结案事件数 1171 件，结案率 95.90%，上报审核县、乡、村三级矛排会议纪要 6345 条。通过平台对网格内的居民进行精细化管理和服务，使管理服务横向到边、纵向到底，把问题解决在基层，把矛盾化解在萌芽状态，促进社会和谐稳定。

二、基层治理成果与推广应用价值

（一）捍卫政治安全坚强有力，社会大局保持和谐稳定

望江县践行总体国家安全观要求，统筹发展和安全的关系，加强政治安全能力建设，坚决守住政治安全底线，有效维护社会公共安全。以党的二十大安保维稳信访工作为主线，固化信访维稳安保指挥调度机制，圆满完成冬奥会、各级“两会”、党的二十大召开期间等重大敏感节点的维稳安保任务，实现了“三个绝不、两个确保”目标。组建县重大决策社会稳定风险评估专家库，完成土地征收等各类社会稳定风险评估共 27 件。积极推进社会领域重大风

险防范化解，化解1个新增风险点。坚持常态化打击处理，对“法轮功”“全能神”等邪教人员建立帮教小组开展教育转化工作，经省市核准验收，29名“法轮功”和60名“全能神”在册人员成功解脱和脱离，县委政法委反邪教协调科被评为“全省反邪教工作先进集体”。健全完善“党建+信访”等“四加”工作机制，深入开展县级领导开门接访、乡镇领导随时接访、村居干部上门走访的三级接访活动，省、市领导接访下访件28件按期办结，实现化解率、满意率“双百”目标，受到市信联办表扬。强化“3+X”会商调度，推进信访积案和突出信访问题化解，国家信访局“集中治理重复信访化解信访积案”专项工作交办49件，省信访帮扶工作交办9件，省市“四重”攻坚行动交办27件均全部化解。用心办理阅批群众来信，网上信访一次性化解率97%，领导阅批来信工作得到省信联办肯定。抓实抓细初信初访办理，全年化解初信初访523件，化解率92.5%。望江县获评“全国信访工作示范县”“全省信访工作责任目标考核优秀单位”。

（二）社会治安环境更加清朗，平安望江建设成效显著

深入推进市域社会治理现代化试点工作，推深做实大安全、微治理、集结号、大调解、数字化“五大工程”。创新“1+4+N”基层政法工作联动协作机制以来，成功化解风险隐患1130起，形成“党委领导、政法主导、各方参与”工作格局。落实“村每周、乡镇每旬、县每月”矛盾纠纷排查例会，推广“三孝调解+N”的矛盾纠纷多元化解机制，设立三孝调解工作室154个，聘请专兼职调解员532名，全年累计摸排化解矛盾纠纷1528件，化解率达

100%。县综调委、医调委、交调委的老同志们不辞辛劳、发挥特长，调处成效明显，全年成功调解272起矛盾纠纷，深受各界好评。深入开展平安村（社区）、无诈村创建，命名平安单位37个、无诈村15个。广泛发动群众参与自治管理和自我服务，组织群防群治队伍190支，平安志愿者2203名。坚持乡镇政法委员月例会培训、月考评通报，对全县10个乡镇135个村（社区）的平安建设基层基础台账实行标准化规范化建档，通过顶层设计、检查验收、互看互学互比等不断推动平安建设基层基础台账规范化建档。积极创新治理方式，推行"雪亮＋平安乡村"项目建设，新增4102个公共安全视频监控探头，整合公共场所视频资源17697路，为全县农村地区交通要道、社区、学校、企业等重点场所、重要卡口提供可视化支撑，有效提升了全县的社会治安管理水平和防控预警能力。

（三）群众的满意度持续提升，营商环境得到较大改善

望江县把党建工作融入区域发展大战略大格局，嵌入经济建设全周期全链条，实现党的领导与经济发展、党建体与经济体、党建抓手与经济手段的"三个深度融合"，不仅培育了经济发展进一步的改革动能，还形成了党建统领"一呼百应"、各条战线"有呼必应"的火热局面。

强化"抓好党建是最大政绩、不抓党建是失职渎职"的理念，聚焦"拼经济、抓发展"中的堵点痛点难点问题，发挥党建统领力、要素聚合力来破解难题、破除瓶颈，把县域经济作为"拼经济、抓发展"的重中之重，发挥县乡党委抓统筹、谋全局作用，厘

清发展蓝图、明晰“拼抓”路径。特别是要抓好产业园区等平台建设，选优配强领导班子，以高质量发展综合考评为牵引，引导望江县在体制改革、项目招引、产业迭代、科研攻关等方面大胆探索，率先破局，领先出彩。

深化产业链党建工作，对产业链重大项目从招商洽谈、签约、建设、达产等进行全流程组织延伸，党的组织建在产业链上、各级干部抓在产业链上、优秀人才聚在产业链上。同时，抓好产业协会党建工作，组建产业链党建联盟，开展“组织共建、事务共商、资源共享、发展共促、品牌共创”活动，助力产业集群高质量发展。

（四）为加强党的领导和发挥基层党组织作用做出重大实践探索

新时代推进国家治理现代化和市域社会治理现代化，需要进一步加强高层部署与地方对接工作，使中央大政方针指示迅速传导到基层，使全国改革方案在基层落地。新时代创新社会治理的难点在基层，关键在市域，市域对上承担贯彻党中央、国务院和省委、省政府决策部署的重要责任，对下指导县区、乡镇基层工作，其既是组织者、领导者，又是参与者、推动者、实践者。抓好市域社会治理，能够使基层治理提质增效，在省域乃至全域社会治理现代化中发挥牵引和示范带动作用，“一子落而满盘活”，望江县坚持以提升组织力为重点，全面深化基层党支部规范化建设，“三会一课”实时线上记录，党员在线积分管理。建立健全党员轮训制度、学习登记培训考核制度、督查通报制度、定期汇报制度等多项日常学习培训管理制度。依托党员干部现代远程教育等信息化平台，以党员思想政治教育为重点，兼顾农业技术、致富技能等内容开展培训，共建设乡镇、村远程教育站点136个、其他站点14个，构建起了新时代党的建设完善的组织体系。

（五）为深刻把握新时代市域社会治理方法论与认识论提供引领

市域往往是一个地区政治、经济、文化、交通、科技和信息中心，拥有资源调配优势和人才储备优势，在本地区治理体制建构、思维理念转型、制度规范设立方面起着示范带动作用，基于资源禀赋优势，市域的治理能力相对高于县域等基层地区，能够引领和带动地方治理现代化。然而，关于新时代市域层面如何深化社会治理改革，如何从改革的对象、主体、客体、系统、组织、机制进行着手，目前学界和实务部门缺乏系统提炼。“望江经验”正是在这种背景下，以改革试点为任务担当，以创新探索为目标要求，初步建立市域社会治理现代化改革的内涵、目标、思路、举措、项目等逻辑体系，为深刻把握新时代市域社会治理方法论与认识论提供引领。

（六）为同类地区推进市域社会治理现代提供可复制、可推广样本

推进市域社会治理现代化是国家治理现代化的理论逻辑、制度逻辑、实践逻辑在市域范围内的深刻体现，构成“基层治理—市域治理—省域治理—国家治理”整体协同推进过程的一个重要节点。望江县高举行动旗帜，持续完善“三领三助”党建引领项目攻坚机制，组织领航助推要重点发挥党组织的功能作用，防止“空壳化”；

干部领跑助效要重点加强干部在项目一线历练的过程督导，力戒形式主义；人才领衔助力要重点做好专家人才的对接联络，防止“只挂名、不干事”。举办“智囊论坛”，结合支部创建，组建32个流动党员智囊团，开展“情系家乡、共话发展”系列座谈会，各智囊团成员围绕村级发展、重点项目、基层治理建言献策600余条，招引项目32个。

第七章
坚持打造文旅赋能特色品牌

文化旅游是依托各地特色文化资源而发展起来的旅游，作为一个跨行业的朝阳产业，在社会经济发展中有着至关重要的作用，在引领和助推乡村振兴战略实施中也发挥着重要作用。《中共中央、国务院关于实施乡村振兴战略的意见》中提出了“产业兴旺、生态宜居、乡风文明、治理有效、生活富裕”的总要求，并指出：“传承发展提升农村优秀传统文化。立足乡村文明，吸取城市文明及外来文化优秀成果，在保护传承的基础上，创造性转化、创新性发展，不断赋予时代内涵、丰富表现形式。”乡村振兴需要文化引领，乡村优秀传统文化将在实现乡村振兴中具有强大的用武之地，开发好、利用好文化遗产在精神层面的教育文化价值和在物质层面的经济产业价值，为乡村振兴注入更强大的精神文化力量，促进乡村价值观念、人文精神的全面提升，实现和谐稳定、乡风文明，大力助推乡村振兴战略的实施。望江县在探索文旅赋能乡村振兴的过程中，起步虽晚但步履坚实，走出了一条望江文旅融合发展之路。依托望江县当地文化资源打造特色文旅品牌，激活生态资源和旅游要素，比如望江非遗产品的生产加工体验、民俗节庆展示、历史文化遗迹的打造等。既实现了优秀传统文化的保护与开发相结合，又带动了望江县社会效益与经济效益的共同发展，助力乡村振兴战略的实施。

第一节　深度挖掘地方历史文化资源

党的二十大报告提出:“加快建设农业强国，扎实推动乡村产业、人才、文化、生态、组织振兴。”在新的起点走中国特色社会主义乡村振兴道路，既要塑形，也要铸魂。乡村文化振兴是乡村振兴的重要内容和有力支撑，在全面推进乡村振兴战略背景下，振兴乡村文化是一条融合文化传承、文化治理、文化创新、文化自信与文化自强之路，也是引领乡村振兴的活力源泉和“铸魂工程”。

乡村文化是传统农耕文明的表现，蕴藏着深刻的历史人文价值与经济价值。乡村文化形态既包括家族宗祠、农业遗迹等物质的部分，也包括民间曲艺、手工技艺等非物质部分。坚定乡村文化自信心，需要重视推动乡村物质文化遗产和非物质文化遗产的保护、传承和发扬，需要多措并举深入挖掘优秀乡村文化资源，需要倡导科学文明生活，移风易俗，实现乡村优秀文化的创造性转化、创新性发展，从而厚植乡村文明根脉，让农民群众记得住“乡愁”，看得见“远方”。

望江县，因县东南的宝塔河一带曾是长江故道，登城中钵盂山，可一览江流之胜，故名望江。长江环抱东南、皖河蜿蜒其北，华阳、皖河两大水系承接古雷、古皖两水，紧依县境南北两列低岗，自西向东流入长江，具有丰富的历史文化遗产、独特的自然风光和旅游资源。望江县历史悠久，最早可追溯到秦朝，当时望江县隶属九江郡。东汉时期，望江县一带属庐江郡。东晋隆安至元兴年间（397—404），在该地区设立大雷戍。义熙元年（405）始设新冶县，属豫州晋熙郡，望江县一带属之。南朝陈天嘉年间（560—566）升新冶县为大雷郡，属江州。隋朝建立后，改大雷郡为义乡县，属熙州。对于义乡县这一县名，乾隆三十三年（1768）《望江县志》载：“陈、隋间，县有义士助国平时难，隋文帝旌为义乡。”在这块土地上，诞生了许多历史典故和非物质文化遗产，其中具有代表性的是以下几种。

1. 三孝文化。孝文化是中国传统文化中的重要价值观念之一，中华“二十四孝”之王祥卧冰、孟宗哭竹、仲源泣墓的故事曾经在这里发生，望江因此被称为“三孝之乡”，同时还出产了许多三孝文化的典型代表，如三孝祠，它记录了许多孝心至亲的感人故事，每年都会吸引众多游客前来参观。

2. 雷池故地。因古雷水自湖北黄梅县界东流至此，积而成池，故名雷池，亦名大雷池。东晋时置大雷戍，为江防要地。咸和二年（327）历阳（今和县）镇将苏峻联合寿春（今寿县）镇将祖约叛乱，向京都建康（今南京）进攻，忠于朝廷的江州刺史温峤欲火速统兵去保卫建康。在建康掌管中央政权的庾亮得知后，担心当时手握重兵的荆州刺史陶侃乘虚而入，因此在《报温峤书》中说：“吾忧西陲过于历阳，足下无过雷池一步也。”意思是叫温峤坐镇原防，不要越雷池而东。后来用以表示言语、行为不敢逾越的一定范围。“不敢越雷池一步”的成语，即源于此。

3. 望江挑花。望江挑花是国家级非物质文化遗产之一，有着三进北京人民大会堂的辉煌历史。望江挑花是在渔耕并存的农业社会环境中由祭祀供品发展转化而来的，具有针法独特、做工精细、技艺含量高、难以仿冒复制的特点，其构图优美，变化有序，色彩对比强烈，正反相映成趣，富有观赏价值。望江挑花始于唐代，有1000多年的发展历史。相传唐朝著名的文学家罗隐为避战乱，几经跋涉，寻寻觅觅，来到香茗山中蛰居栖身，后教授乡民挑花之技，遂形成了独特的望江挑花，并传承千年而不息。望江挑花在2008年成为首批国家级非物质文化遗产，鸦滩镇也因挑花被评为“中国民间文化艺术之乡”。

4. 戏曲文化。望江县还有许多优秀的戏曲表演团体和艺术家，为传承和发展戏曲文化做出了积极贡献。清朝剧作大家龙燮，望江县人，其《江花梦》(一作《琼花梦》)、《芙蓉城》剧本，一版再版，影响深远。檀萃，新坝人，为徽班进京做出了贡献。黄梅戏开山鼻祖蔡仲贤，鸦滩麦元人，据陆洪非先生《黄梅戏源流》记载，蔡仲贤是黄梅戏最早的艺人。陆洪非，望江雷港人，其编剧的《天仙配》《女驸马》等剧本成为黄梅戏艺术经典。蔡仲贤、陆洪非是黄梅戏历史上重要的里程碑式人物。100多年来，望江涌现了一大批德艺俱佳的词曲作家、民间艺人，如胡玉庭、龙昆玉、龙甲丙、童国川、姚国林、李井泉、龙仲文、谢樵森、廖善友、王太权、方云从等，有力地推动了黄梅戏的发展壮大。

5. 莲湘舞。流传于望江县的一种民间舞蹈，因其道具而得名。在当地有“打连响”“打铃枪”“打连厢”等叫法。表演者手中的“莲湘”，通常用一根三尺左右、比拇指略粗的竹竿，将其两端刻出槽子，插上销子，串上铜钱或金属圆圈，横竖间隔，两端系红绸带或铜铃、绣球，敲击时便会发出清脆的“嚓嚓”声。表演时敲打肩、臂、胸、背、手、脚、腿，可做舞、打、跳、跃、蹲、站、行的连续动作。可一人独打，也能群舞。动作活泼，节奏鲜明。且歌且舞，演唱的大都是本地区的民歌小调。后发展到专业人员为此作词作曲。

第二节　创新传承特色非物质文化遗产

党的十八大以来，习近平总书记高度重视文化遗产保护，多次作出重要指示批示。习近平总书记指出，要加强非物质文化遗产保护和传承，积极培养传承人，让非物质文化遗产绽放出更加迷人的光彩。文化遗产是优秀传统文化的重要载体，是一个国家、民族和种群深厚的历史积淀[①]，加强对文化遗产的保护与传承是留住文化根脉、守住民族之魂的题中应有之义[②]。非物质文化遗产是地方优秀传统文化的积淀，传承保护、活化利用非遗文化资源，对推动乡风文

---

① 李红军 . 中国共产党对传统文化在认识与态度上的发展［J］. 贵州师范大学学报（社会科学版），2015（2）：41–45.

② 留住文化根脉守住民族之魂习近平心系文化和自然遗产保护［EB/OL］.（2023–06–10）［2023–10–08］.

明建设具有积极作用。[①] 在非遗文化的保护、传承与创新方面，望江县坚决贯彻落实党和国家有关精神，走出一条科学保护与人才培养相结合的望江文化传承创新之路。

一、望江非遗文化传承总体情况

望江县非遗名录包含 40 余种非遗，薪火相传，传承人总计 80 人，从事非遗相关工作达数千人，极大促进了望江县经济增长，推动了乡村振兴。每年非遗相关活动千余场，出彩的非遗传承活动如送戏进万村、送戏进校园、“雷池飞歌”文化惠民演出、望江挑花非遗展、丰收节和油菜花节等活动演出，受到社会各界群众广泛欢迎。

二、望江挑花：一针一线织出皖风民韵

（一）望江挑花非遗保护

2017 年，望江挑花地理标志在国家商标总局申报成功，2020 年完成地理标志换标工作。望江县聚焦打造望江挑花国家级名片，整合各方资源，2018 年成功入选国家传统工艺振兴项目目录，2019 年启动望江挑花国家传统工艺振兴系列项目，完成了“2019 年度望江挑花传承人培训项目”“望江挑花（图册、校本教材）出版项目”“望江挑花作品征集、陈列项目”三个项目。2020 年完成了 3 个望江挑花国家传统工艺振兴系列项目，分别为“望江挑花培训班

① 赵新宁，刘诗麟．非遗中蕴藏着乡村精气神——对话李莉、王智、贾君［N］．农民日报，2023-11-23（08）．

项目”“望江县挑花数据库功能升级及VR场景拍摄制作项目”以及“望江挑花系列宣传视频项目”；在此基础上2021年度完成了“2021年度挑花作品征集项目”；2022年成功申报国家级非遗保护专项资金项目，项目金额75万元，其中包含:《望江挑花作品集》编订出版项目；望江挑花基础理论及技能培训项目以及望江挑花产业提升培训项目。

（二）望江挑花非遗传承人

在望江挑花的保护传承中，离不开非遗传承人呕心沥血的付出。望江挑花国家级非遗代表性传承人王世福老师，为了促进望江挑花的发展，做了大量的保护和传承工作，编纂望江挑花工具书介绍挑花工艺，与服装厂合作推广挑花艺术，创建望江挑花展厅等，探索出产、学、教相结合的新路。在访谈中王世福老师特别提道：“望江挑花未来的发展需要依靠年轻人，望江挑花工艺急需设计人才，望江挑花的发展与传承离不开新鲜力量的注入，需要一代又一代的有志青年去传承，去创新，去发展。”

汤彩霞师承国家级非遗传承人王世福，在望江县雅滩镇望马楼村望江挑花展馆内，汤彩霞细心向当地农村妇女传授望江挑花技艺。汤彩霞说:“我只有小学文化，以前在家务农、缝纫。2009年跟随王世福老师学习望江挑花，之后便改变了我的生活。”2017年6月13日，她在第六届成都国际非物质文化遗产节上，参加了新生代非物质文化遗产传承人成果展和技艺比赛，获新生代非物质文化遗产传承人“手艺之星”奖。如今，她已是望江挑花非物质文化遗产省级代表性传承人。

（二）望江挑花传承基地

在望江挑花的源头鸦滩镇望马楼村，为了更好地保护和传承望江挑花，专门设立了挑花传承基地。在各级政府的支持下，2015 年，望马楼村成立挑花专业合作社，投入资金 50 余万元，建成挑花场馆，传承非遗文化的同时，创作望江挑花产品产生经济效益。目前，挑花专业合作社拥有一支主要由附近村民组成的专业挑花生产队伍，专业挑花工人 30 名，其中市级传承人 2 名，技术指导 2 人，直接带动农户 20 户，带动培训妇女 115 人次。通过集散相结合方式，农闲时统一在合作社的挑花工坊进行挑花，农忙时在家结合时间安排挑花。每名挑花女每年能通过挑花产生 1 万元左右的收入。与此同时，为了更好地传承本地挑花技艺，合作社每年暑假会展开面对本地小学生的暑期挑花学习课程，一期一周的时间。

（四）望江学校建挑花教育传习基地

望江县多所学校通过建立非遗传习教育基地，与传承人签订长期工作合同，在校内开办非遗传习课程、讲座交流等活动，以兴趣为核心，引导大量师生加入了挑花传承的行列中来。安庆皖江中等专业学校开设社会文化艺术专业，把地方文化请进校园，把望江挑花保护与传承纳入教学计划，把家乡的民间美术作为社会文化艺术专业的必修课，作为其他专业的学生的选修课。成立挑花艺术兴趣小组，激发学生对挑花艺术的兴趣，让千年古老民间艺术走进课堂，让年青一代走近望江挑花。社会文化艺术专业各个班成立的挑花兴趣小组，利用业余时间到望江挑花传习所学习挑花工艺，形成良好的传承氛围，更多年青一代走近望江挑花。

（五）望江挑花非遗研学交流活动热火朝天

2009年起，望江县便长期组织国家、省、市、县级非遗代表性传承人赴乡镇、学校开展非遗普及推广活动，如挑花基础培训、挑花进校园、挑花进社区。充分发挥非遗教育传习基地和研学旅行基地功能，依托皖江中等专业学校内的望江县挑花教育传习基地。多年来分别与省内外科研机构学校企事业单位开展研学活动，共接待社会各界人士2000余人次，充分发挥了安徽省非遗教育传习基地和研学旅行基地的作用。

三、长江·雷池文化园：一江一园鉴赏雷池古韵

雷池历史悠久，文化底蕴深厚，因古雷水自湖北黄梅县界东流至此，积而成池，故名雷池，成语“不可越雷池一步”即源于此地。近年来，雷池镇党委、政府积极挖掘开发雷池文化，推动文旅产业发展，2023年与县政协、县教育局共同对接安徽雷泽文化科技有限公司，盘活原莲洲中学约76亩，建设长江·雷池文化园，总投资2.2亿元，总面积1100亩，其中建设面积100余亩，建设集劳动教育、研学旅行、休闲观光、民宿、餐饮现代农业于一体的农文旅教融合的面向全域大众的文化营地，生态农业一、二、三产业融合的综合体。

长江·雷池文化园坐落在长江同马大堤边、风景宜人的安徽省望江县雷池镇莲花洲村，整体建设体现徽风皖韵风格，园内古树成荫，绿水环绕，园外长江同马大堤犹如绚丽的彩带逶迤飘过，令人心旷神怡。

长江·雷池文化园建有多种望江特色文化馆，其中比较典型的有雷池文化馆、农耕文化馆、非遗文化馆和长江水文化馆等。雷池文化馆主要是从事雷池文化研究和展示雷池文化主要代表人物、典故、事件、作品，馆中详细地介绍了雷池文化的典故和历史渊源。农耕文化馆主要是面向中小学劳动教育实践，开展农耕文化的传承、教育。非遗文化馆进行望江挑花、黄梅戏等 40 项望江非遗技艺传承保护、作品展示，在馆中既可以欣赏望江挑花作品，也可以在望江挑花传承人的指点下体验尝试制作望江挑花。长江·望江水文化馆主要功能是展示望江因水而生、因水而名、垦荒治水的历史文化及长江大保护的发展成就。三孝文化园通过重现三孝典故的场景，让大众接受传统孝道文化的熏陶，从孝道典故中，探求孝道文化的历史内涵，明晰孝道文化的现实意义，注重孝道文化的实践养成。习近平新时代中国特色社会主义思想学习教育基地主要功能是习近平新时代中国特色社会主义思想体系的宣传教育。江豚主题乐园主要功能是家庭亲子游，让孩子们在游乐中接受江豚保护的教育。

2023 年 9 月 23 日，长江·雷池文化园承办望江农民丰收节主会场，盛况空前；同时举行发布望江县国家现代化农业产业园 LOGO 发布仪式与“双招双引”项目签约仪式，共签约 17 个项目。国家一级演员、安徽省戏剧家协会副主席、中国戏剧“梅花奖”获得者蒋建国与国家一级演员、中国戏剧“梅花奖”获得者、第三批国家级非物质文化遗产项目黄梅戏代表性传承人吴亚玲应邀参加活动并献上黄梅联唱。国庆节接待游客 20000 余人次，平时节假日日均接待游客 1200 余人次。

四、继往开来，谱写望江非遗传承新篇章

望江县秉持“以人为本、活态传承”的原则，聚焦望江非遗文化的特点特色，多措并举，创新非遗文化的保护方式和途径，扎实做好非遗文化的传承与创新，走出了一条具有望江特点的文化保护传承创新之路。

一是从源头出发，加大对非遗文化的挖掘和保护力度。望江县宣传部与文旅局大力开展非物质文化遗产的挖掘整理、抢救保护和综合开发，先后成功申报确认了多项国家级、省级、市级、县级非遗保护名录，扶持培养了一批非遗传承人，大力宣传展示望江独特文化资源，设立望江非遗项目综合陈列室，组织开展非遗项目艺术表演，打造研学基地、主题文化园等。积极开展望江挑花国家地理性标志申报、换标工作。在广泛收集图片资料的基础上，建成了望江挑花数字资源库。

二是重视中间环节，多途径强化对望江非遗的宣传培育。望江县宣传部抓好线上、线下双渠道，不断创新宣传思路和方法，全力做好非遗宣传报道工作，为推动望江非遗产业发展贡献力量。线下出版包括《望江民间歌谣与音乐》《望江挑花》《望江挑花校本教材》《望江挑花作品集》等各类书籍，线上宣传围绕望江挑花数据库、望江非遗数据库、望江挑花 VR 展示等，拓宽宣传渠道。同时，利用各类活动进行非遗展示，开办非遗类展览，利用新媒体平台积极宣传望江的非遗文化。积极参加长三角以及全国的各类非遗

展览和表演活动，扩大非遗文化影响力。

三是突出成果，强化对非遗产品的转化利用。让传统手工艺“活”起来，充分挖掘非遗文化资源的经济价值，积极开展挑花作品收集、挑花作品展示、传承人培训、挑花元素文艺作品创作等工作，通过市场调研结合市场需求，开发新产品，带动村内贫困、残疾挑花女脱贫致富。加大非遗传承人的培养和管理力度，并与乡村旅游高度结合，注重非遗保护与开发并重，深入挖掘非遗的独特文化内涵，推动非遗与旅游事业发展繁荣。通过设立挑花展馆、挑花工坊，在享有“全国文明村”美誉的前提下打造乡村旅游示范村，年带动旅游人次 2000 人，村集体增收 30 万元。

第三节　持续探索文旅融合望江名片

文化是旅游的灵魂，旅游是文化的载体。党的十八大以来，以习近平同志为核心的党中央高度重视文化建设和旅游发展，对文化和旅游融合发展作出一系列重要部署。望江县立足新发展阶段，瞄准新发展需求，推动文化和旅游在更深层次、更广范围、更高水平上实现深度融合，以全新的理念在打造融合发展新模式、拓展融合发展新空间、激发融合发展新活力、构建融合发展新机制上集中发力。在 2021 年“十四五”规划开局之年，望江县启动创建国家全域旅游示范区工作，形成以“大美望江 · 古韵雷池”为主标识的文旅体发展新格局。

一、望江县域旅游规划

（一）发展定位

以武昌湖、香茗山为核心引擎，依托丰富的生态资源和人文历史，发挥雷池文化、三孝文化、非遗文化、民俗文化、红色文化、历史文化、圩垸文化和自然生态品牌效应，结合国家全域旅游示范区创建标准，充分融入长江经济带、长三角一体化区域休闲度假旅游目的地建设，将望江县建设为集生态观光、文化体验、乡村旅游、研学旅游、运动休闲、红色旅游等于一体的国家全域旅游示范区、中华文化传承体验示范县、皖西南地区乡村休闲旅游目的地。

（二）旅游空间规划

一带一核一镇三片区，一带：沿江湿地旅游发展带，形成集生态、景观、物产、文化、休闲、风情等功能于一体的旅游发展带；一核：县城旅游发展核，依托望江县城，将其建设成为望江县旅游发展的综合旅游服务中心和为当地及周边居民提供休闲游憩的场所；一镇：鸦滩特色景观旅游名镇；依托鸦滩省级特色景观名镇的基础和自身的特色资源优势，将其打造成为以养生、度假为主题的特色休闲名镇；三片区：武昌湖雷池文化旅游片区、泊湖·岚杆湖乡野风情旅游片区、香茗山鸦滩养生度假旅游片区。

应对周边大城市居民休闲旅游需求，望江县挖掘山水文化资源，开发“雷池文化旅游、养生度假旅游、乡村旅游”三大旅游产品，形成沟通县域内外的旅游网络，将望江县打造成为中国旅游强县。

（二）发展策略

一是强化顶层设计。建立全域旅游发展领导小组，组建望江县旅投公司扩充望江县城投业务平台，整合望江旅游优势资源，搭建望江全域旅游发展的投资平台，设立全域旅游发展项目库，优先环通武昌湖风景道，升级部分乡道、村道，重点改造系列路段，依托交通路网活化全域资源，形成多个闭环和系列联动的旅游廊道，搭建全域旅游网络；打造若干条主题游览线路，全面强化全域旅游相关公共服务配套。

二是强化资源整合。整合县域重要的生态、人文资源。以高品质的景区创建、高标准的风景廊道打造为抓手，建设和提升一批文化体验项目、游览观赏项目、运动休闲项目、研学旅行项目、生态观光项目等带动县域旅游业发展。整合县域文旅发展社会力量，以政策为引领，将城投公司、文旅投资发展企业、运营公司、酒店管理公司、旅行社、涉文旅集体单位、学校和文化单位、文创机构、相关研究机构等纳入全域旅游文旅发展平台，促成合作，吸引投资，推动项目建设。

三是强化多产融合。充分发挥旅游业的拉动力、融合能力和催化集成作用，实施“旅游+”和“+旅游”战略。融合一、二、三产业，构建全域旅游产业链，带动旅游相关产业振兴，推进文旅融合、农旅融合、工旅融合等。

同时，加快文旅产品更新，将旅游产业从中端、大众化消费引向高端消费，如植入高端文创项目、设置精品特色民宿、引入高端休闲度假产品等，为高端消费群体提供高端业态。利用旅游业带动当地的农特优鲜产品生产和加工等上下游相关产业。以三大核心产品为引领，以文化体验、研学教育、乡村旅游、主题娱乐、休闲农业、非遗体验、水上运动、民俗文化、节日庆典等多项产品形成的产品体系为支撑，从多元角度实现全产业的发展。

四是强化全季、全时体验。全季、全时体验要求旅游产品可以解决旅游中存在的淡旺季问题和旅游的夜景观、夜产品问题。强调四季不断、全天候的旅游消费模式。可在县域内打造多个四季娱乐观光休闲体验产品，同时增加夜间旅游项目，构建望江全域旅游全季、全时发展模式。

五是强化配套设施。注重旅游配套设施建设，大力开展旅游服务体系工程，完善各区域的旅游集散功能并为游客提供良好的公共游览服务、住宿餐饮服务、医疗卫生服务等。加快旅游公共信息数据库建设，构建全区域的旅游信息咨询中心体系，充分利用多元化的信息传播途径，对景区和乡村进行全面打造，使全域旅游发展突破传统旅游业的束缚，提升旅游信息化水平和旅游信息质量，推进智慧旅游建设。

六是强化要素集聚。推进全域旅游的战略性发展和建设，必须集中优势力量，强化旅游要素集聚。结合望江旅游业发展现状，优先强化主要景区、核心镇区旅游要素，优化旅游交通系统，开发特色旅游交通，创建主题美食街，提升旅游住宿接待能力，丰富文化娱乐体验项目，开发旅游文创产品。

七是强化营销宣传。要拓展旅游市场，就要树立营销宣传意识，通过新兴媒体对全域旅游进行全方位的宣传推广，并加强与手机平台、电子商务平台的合作，为游客提供快捷查询旅游信息的服务。培育“互联网 + 旅游”产业，孵化文旅经济新动能，推进文旅资源与互联网、大数据和云计算深度互动

二、经验总结，走出一条“文旅融合”的望江之路

推动文旅深度融合发展，必须破解文旅融合形式化、浅层化的发展困境，创新推动文化资源与旅游资源融合利用。近年来，望江县坚持“以文塑旅、以旅彰文”，推进文化旅游深度融合发展。

（一）以项目为依托、打造文旅亮点

望江县文旅局积极争取上级项目资金，通过项目来推动文旅基础设施建设。如，太慈镇桃岭村通过项目帮扶成为远近闻名的“网红村”，该村现已建成乡村大舞台、游客服务中心、旅游民宿、全民健身中心等文旅项目，不仅吸引大量游客前来打卡体验，也极大丰富了当地村民的精神文化生活，达到“主客共享”的发展目标，让游客与村民都能享受文旅发展带来的红利。望江县文旅局每年通过争取上级文旅资金约 300 万元，用于文旅基础项目建设，更多像桃岭村这样的网红村落正在雷池大地逐渐形成。

（二）以活动为平台、打造文旅名片

坚持深挖文旅资源，打造本土品牌活动。抓好群众文艺创作。“少儿文艺调演”“雷池飞歌”等群众文化活动已成为望江县群众文化品牌活动亮点，坚持以人民为中心的创作导向，进一步释放文化作品潜力。以省、市少儿文艺调演评选活动为抓手，创作舞蹈《货郎来了》《衣服小啦》等作品在全省“六一”少儿文艺调演取得佳

绩。举办油菜花系列赏游活动。自2016年来，望江县重点围绕望江特色资源打造油菜花系列赏游活动，已成功举办了七届油菜花系列赏游活动。望江油菜花海旅游观光品牌效应不断攀升，并形成了一定的社会影响力，中央媒体多次报道望江油菜花景观，已成为“大美望江·古韵雷池”一张重要的对外宣传的城市形象名片。赏游活动已吸引大量县内外游客，带动当地村民增收。

（三）以需求为导向、实施文旅惠民

为满足广大群众的精神文化生活，望江县持续开展各类文旅惠民活动。通过“送戏进万村”“15分钟阅读圈”等项目满足群众需求。以2022年为例，望江县开展“送戏进万村”118场次，完成7个阅读空间建设，深化“书香望江”全民阅读工作。指导景区景点制定惠民政策。望江县两家A级景区实施免门票惠民政策，指导景区景点每年开展各类营销节庆活动，增强游客体验感。推动重大项目建设。推动文化馆、博物馆、游泳馆等场馆建设，目前相关场馆正进行前期设计工作，年内开工建设。

三、躬身入局，推动望江文旅产业发展新篇章

（一）完善文化产业行政决策机制

借鉴先进地区经验，望江县政府领导牵头组建县文化产业发展指导委员会，负责文化产业发展战略、规划及重大事项的决策部署，研究出台支持文化产业的配套扶持政策。县统计、文化等部门着手建立文化产业统计制度，对符合统计部门行业标准的文化企业建立数据分析库，为制定文化产业发展政策规划提供重要依据。同

时要积极发挥县文化产业协会的综合、协调、服务平台作用。

（二）加快构建现代文化产业体系

实施主导产业引领发展，重点发展旅游文化产业、望江挑花产业、演艺创意产业、文化娱乐产业、包装印刷产业、生态休闲产业等文化产业，逐步把文化产业培育成为县域经济的支柱产业，同时在城市文化、影视文化、体育文化等产业上有所作为。

（三）优先发展重点文化产业

围绕望江县的文旅事业发展格局，望江县政府有的放矢，围绕旅游文化产业、望江挑花产业和演艺文化产业等文旅融合重点产业，集中优势资源重点发展。大力发展以武昌湖、香茗山、农家乐等为代表的自然山水风光生态旅游文化产业，依托丰富的望江历史文化资源发展旅游文化产业，深度挖掘雷池品牌的军事文化价值，引入战略投资者，围绕雷池主题文化产业园，做大做强县旅游文化产业。针对望江挑花产业，以保护扶持挑花传承人为切入点，培养引进挑花设计研发人才，加大望江挑花传承保护力度；实施挑花产业园区建设，加大政策扶持力度，设立文化产业扶持资金，大力培养扶持挑花龙头企业。依托望江县著名的黄梅戏资源，充分发挥县黄梅戏艺术传播公司、众多民营院团以及戏剧创作、音乐创作、舞蹈创作等方面的优势，逐步做大做强演艺文化产业。

（四）加快文化产业园区和基地规划建设

建设文化产业园区既是文化产业发展的一个趋势，也是文化产业发展的一个平台，更是各级财政投入、政策扶持文化产业的一个重点。规划建设以雷池文化为主题，融挑花产品研发、培训、生产，雷池文化集中展示，黄梅戏演出、民俗风情表演，地方特产推介等于一体的文化产业园区势在必行。加大招商引资力度，出台优惠激励办法，引进战略投资者进行整体开发。与此同时，要积极谋划文化产业项目并建立文化产业项目库，编制文化产业项目册，组织专题文化产业招商推介活动。

（五）加快文化产业融合发展

文化产业获得快速的发展，“文化 +”跨业态融合是其中重要的一个原因。近年来，望江创新发展模式，立足于自身文化资源，着力推动文化与旅游融合、文化与科技整合，积极探索建立自身的文化产业发展路子。望江县多措并举，推动文化产业与其他相关产业的嫁接融合发展，将文化元素融入经济社会的方方面面，增强文化艺术的感染力。拓展文化发展的新思路，延伸文化产业链条，提高文化产品和服务的附加值。特别是要充分利用高新技术改造传统文化产业，增加文化产业的科技含量，扶持一批创新能力强的文化科技企业。望江县依托油菜花海的的农业和自然生态优势，打造油菜花系列赏游活动，发展生态文化产业，推动文旅产业融合。坐落于望江开发区的安徽省精英机械制造有限公司，是安徽省唯一一家专业从事舞台设备制造的高科技、专精特新的文化产业公司，产品服务于全国 100 多座大中型剧院。2016 年，该公司被授予“第五届安徽省文化产业示范基地”称号。以精英舞台机械制造有限公司为龙头，文化与科技相融，增强文化产业科技含量

第八章
未来展望

近年来，望江县立足新发展阶段，完整、准确、全面贯彻新发展理念，主动融入长三角一体化发展，以实施工业强县战略为引领，按照“1+2+N”发展思路，大力推进农业强县建设，县域经济社会发展取得巨大成就，走出了一条具有引领性、典型性的中国式现代化乡村发展道路。深入总结望江县经验，将望江经验放在推进中国式现代化的进程中，放在全国乡村振兴总体格局中加以思考提炼，有助于进一步明确望江县发展方向，续写以县域高质量发展推进乡村振兴新篇章，并为其他地区充分利用地方特色、推动县域经济发展、促进乡村振兴提供参考和借鉴。

在未来的发展中，望江将紧紧围绕在中国式现代化进程中贡献望江智慧、在共同富裕道路上形成望江特色、在国家区域性战略上体现望江担当和在新时代乡村振兴事业中开创望江品牌四个方面，不断创新发展模式，全面提升综合实力，为打造现代、宜居、幸福的望江新时代城乡一体化示范区而不懈努力。通过不断积累经验、总结实践，望江将逐步实现自身发展与国家发展的有机融合，成为全面建设社会主义现代化的杰出代表。

第一节　在中国式现代化进程中贡献望江智慧

随着中国现代化进程的不断推进，望江将积极融入这一浩大潮流，为国家现代化事业贡献智慧和力量。通过深化科技创新、加强产业升级，望江将不仅仅是发展的见证者，更是推动者和引领者。在未来的道路上，望江将注重人才培养，打造创新型人才队伍，为中国式现代化注入更多活力和智慧。

望江县作为地处皖西南边陲、一面靠山三面临水的县，自 2011 年被列为国家连片特困地区大别山片区县和贫困革命老区县，经过脱贫攻坚，于 2020 年成功退出贫困县序列。望江县是在乡村振兴中的典型案例，为其他脱贫县提供了借鉴和参考。总结望江案例有助于深入挖掘望江的发展潜力和特色优势。通过回顾过去的发展历程，分析各项政策措施的实施效果，可以更全面地了解望江的经济、社会、环境等方面的优势和不足。这有助于在未来的发展规划中更好地发挥本地的特色，充分利用资源禀赋，找到符合望江实际情况的发展路径，为未来的政策制定提供经验，更加科学地设计未来的发展策略和政策体系。

在乡村振兴过程中，望江县注重人居环境整治，推动生态美化；通过深入实施农村人居环境整治提升五年行动，改善污水处理设施，提高农村生活垃圾处理率和集镇污水治理率；全面推进国家级生态文明建设示范县创建，致力于打好污染防治攻坚战，实现环境空气质量稳定，地表水水质达标率 100%；通过发展新型农业经营主体和社会化服务，培育特色产业，如薄壳山核桃、瓜蒌、黑木耳等，助力农民增收致富。[①] 此外，望江县在乡村振兴中还注重产业发展，通过“一县一业、一乡（镇）一产、一村一品”建设，培育了一批特色产业，包括纺织服装、特色种养、绿色食品加工、智能制造等。这些举措使得县域经济取得显著成效，集体经济收入大幅增长，空壳村变成了小康村。同时，在当前文旅发展的转型时期，望江整合雷池文化资源、打造了文旅融合新业态。[②]

望江县在实施工业强县、农业强县等方面的具体操作路径和实践经验，形成了可复制的发展模式和理念。这些细节性的案例分析可以形成具体、可操作的指南。其他县域可以通过学习这些指南，更好地指导本地的发展工作，降低试错成本，提高发展的效率和质量。

2023 年 11 月 12 日，江西省龙江市彭泽县教育体育局一行人到望江县考察教育发展。望江县详细介绍了在教育方面取得的成果，强调党建引领、典型带动、质量主线等创新举措。考察团深入实地考察了望江县中职学校、实验学校、示范幼儿园等，对望江县的教育改革和发展给予了高度评价，认为值得学习和借鉴。双方表示希望在资源共享、教师培养、质量提升等方面进一步加强协作，拓展合作领域，促进两地教育的同步高质量发展。这次活动为未来更深

① 汪家顺 . 智慧农业综合服务平台的构建与效益分析——以望江县高士镇为例［J］. 安徽农学通报，2021，27（21）：127–130.

② 曹任 . 雷池文化与地方文旅融合发展探析［J］. 当代县域经济，2023（12）：89–91.

层次的合作奠定了基础，促进了教育经验的分享与交流。

2023 年 4 月 18 日，铜陵市枞阳县委副书记李全棉率团考察望江县的纺织服装印染产业发展。考察团深入实地考察了当地纺织企业，了解其技术工艺、市场前景。在座谈会上，双方就产业招引、项目立项、产业定位等方面进行了深入交流。望江县代表对枞阳县考察团的到访表示热烈欢迎，希望通过加强合作，实现共同发展。李全棉对望江县的纺织服装产业发展给予高度评价，并表示将学习借鉴其经验，推动枞阳县产业发展。此次考察为两地深化合作提供了契机，促进了经济社会的高质量发展。

2019 年 11 月 14 日，潜山市领导一行人来望江县考察县域经济发展工作。考察团深入望江经开区，实地参观了多家企业，了解其生产工艺、产业规划、市场占比等情况，并听取了企业负责人的介绍。考察团对望江县在经济高质量发展方面的做法表示肯定，并对政府支持企业发展的理念表示赞赏。座谈会上，双方就招商引资、营商安商、首位产业、园区发展等进行了深入交流。望江县领导表示热烈欢迎，并希望两地在工业经济、城市建设、社会发展等领域展开更深层次、更广泛领域的合作。潜山市领导表示，望江县的发展经验值得学习与借鉴，希望进一步加强两地的经验交流，共同推动经济的高质量发展。潜山市委书记张劲松表示，望江县坚持高起点、高定位、高标准的发展理念，为县域经济提供新动能，希望双方进一步加强交流，共同推动经济高质量发展。

通过总结可复制的典型案例，可以推动县域的全面振兴。各县域在共同学习的过程中，可以形成联动效应，推动整个地区形成全面、协同、可持续的发展局面，激发县域间的良性竞争与合作，有助于促进不同县域间的互联互通。在共享经验的过程中，各县域可以相互学习，加深合作，形成更为紧密的区域经济合作网络。这种互动有助于推动整个地区的协同发展。各县域在学习借鉴的同时，也会在实践中形成差异化发展，推动整个地区形成更为活跃的经济发展氛围。

在未来，望江将继续以能力建设提升工作效能。增强推动高质量发展本领。坚持用开放的眼光、市场的思维、创新的办法开展工作，做好第五次全国经济普查，启动“十四五”规划中期修编，推动高质量发展。增强服务群众本领。始终把人民利益放在最高位置，把所有精力都用在让老百姓过好日子上，尽最大努力解决好群众的痛点难点堵点问题。增强防范化解风险本领。坚持底线思维，增强忧患意识，提高防控能力，做足预案、精准拆弹，积极应对各种风险挑战。

第二节　在共同富裕道路上形成望江特色

望江展现了一幅“一体两翼”的生动画面。望江县紧密围绕县域经济体系，助推县域高质量发展，同时组织引领和目标引领相结合，形成了“两翼”的助推力。这一过程中，政府与市场的双向驱动，中小企业的遍地开花，脱贫群众的积极参与，共同构建了一个多元参与的发展生态，在共同富裕道路上形成了望江特色。

一、"一体两翼"的发展主体

望江县实行了"一体两翼"的发展战略，以构建"一体"的县域经济体系为核心，同时以"两翼"的组织引领和目标引领相结合为支撑，推动县域的高质量发展。望江县在"一体两翼"的发展战略中，通过有机整合县域经济体系和强化组织引领与目标引领相结合的方式，成功推动了县域的高质量发展。这一模式为其他地区提供了可借鉴的经验，特别是在促进产业升级、建设高效组织体系、制定明确发展目标等方面具有一定的普适性。

（一）"一体"推动：县域经济体系助推县域高质量发展

望江县构建了良好的县域经济体系。通过深入推进产业结构升级，特别是对新兴产业的有力扶持，成功实现了从传统到现代产业的转型升级。优化的产业结构不仅提升了经济效益，也为当地提供了更多的就业机会。望江县在农业方面实现了现代化的推进，通过科技创新和农业产业链的延伸，提高了农业产出的质量和数量 。这不仅有助于农村经济的发展，还为城乡一体化提供了支持。同时，望江县注重基础设施的建设，包括交通、能源、信息等方面。这一系列的基础设施建设有助于提高县域的整体竞争力，降低交通、能源等成本，推动产业链的高效运转。县域经济体系作为推动县域高质量发展的引擎，其包含的农业、工业和第三产业协同发展的模式成为地方经济繁荣的支柱。

在现代农业方面，望江县实施了"两强一增"行动计划，致力于建设高标准农田。2022 年，通过推动高标准农田建设、发展优质专用粮食和稻田综合种养，望江县取得了较为显著的成绩。粮食总产量 32 万吨、油料产量 8.4 万吨，能繁母猪存栏超过 7000 头。通过科技特派员的选派，以及农作物耕种收综合机械化水平的提高，望江县的农业现代化水平得到了进一步的提升。

在第三产业的发展方面，望江县采取了促进商贸经济加快发展的十项政策。2022 年，通过新增进出口经营权备案企业 14 家、引入跨境电商企业 6 家，以及新增电商经营主体 1651 家等举措，望江县成功实现了外资的实际利用和电商经营主体的增长。农村电商提质增效工作在太慈镇、雷池镇得到了示范，邮政寄递共配中心建成，快递业务量位列全省第四。此外，望江县还成功举办了“望江炒饭”大赛，推动了本地食品品牌的认可和发展。

望江县自 2020 年起通过省级旅游发展资金安排旅游基础设施项目 29 个，项目资金共计 800 万元左右。积极落实“万千百”“511”全民健身工程建设任务，县体育场、县全民健身中心、县城市体育公园相继建成，全县体育设施投入资金 2 亿余元。2016—2023 年，共投入农体工程资金约 400 万元。同时，积极创建旅游新业态。高质量落实全省乡村旅游“421”行动工作部署，完成主题村、特色美食村、后备箱工程基地等新业态的初步申报工作。已建成 3A 级景区 1 家、AA 级景区 1 个，省级优秀旅游乡镇 1 个，研学基地 1 家、省级创客基地 1 家、省级乡村旅游示范村 6 个、特色美食村 1 个，3A 级旅游村 2 家、三星级民宿 1 家，省市级休闲旅游示范点 5 家。

近年来，望江县重点围绕望江特色资源打造油菜花系列赏游活动，自 2016 年首次举办油菜花赏游活动以来，已成功举办七届。通过油菜花赏游活动大力发展乡村旅游，变“冷资源”为“热经济”探索建立“文化 + 旅游 + 农业”三位一体发展模式，实现了“文旅、农”互融互通，成功推动了望江“美丽经济”发展。每届赏游活动都会有人民网、新华社、中央电视台、凤凰网、《安徽日报》等国家和省市级媒体来望江采风，多角度展现望江悠久历史文化和乡村美景。油菜花景观已成为“大美望江 · 古韵雷池”一张重要的对外宣传的城市形象名片，50 万亩油菜花海、中国美丽田园、中国油菜花最美写生创作目的地等品牌成为望江新的代名词。

（二）“两翼”齐飞：组织引领 + 目标引领相结合推动发展

在望江县的发展战略中，“两翼”齐飞，即组织引领和目标引领相结合，形成了一种协同推动发展的机制。这一战略的成功实施为县域经济的高质量发展提供了有效的引导和支撑。

1. 组织引领

近年来，望江县在全面学习贯彻党的二十大精神的指引下，牢记新时代党的建设总要求和党的组织路线，坚决践行党建工作，助力乡村振兴事业取得显著成果。望江县辖境广泛，包括 9 镇 1 乡 3 个街道、118 个村 17 个社区，总人口达 65 万人，党员数量达 30301 名。为实现“抓党建促乡村振兴”的总体思路，望江县通过强化基层组织建设、打造优质帮扶队伍、压实各级责任、用力彰显示范，取得了显著成效。望江县以这些做法为支撑，为乡村振兴贡献了自己的力量，为县域经济社会的发展谱写了崭新篇章。

主要做法包括：突出强基固本，使基层组织成为乡村振兴的

“主旗手”；全面规范组织生活，提高组织生活质效；持续推进治软治散，确保基层党组织的健康发展；扎实开展“书记项目”，加强党员的实际工作任务；突出结对帮扶，让党员干部充当乡村振兴的主力。具体而言，望江县通过全面推进“一抓双促”工程，强化基层组织标准化规范化建设，着力提升党支部建设水平，夯实了基础。通过建章立制，出台了《全县乡村组织振兴实施方案》，形成了市级乡村干部实训基地，为乡村振兴提供了组织保障。全面规范组织生活，推动了组织生活指导督导要求的实质化。此外，通过“书记项目”和结对帮扶的方式，望江县全方位推动了基层党建的工作。而在集体经济方面，县政府出台了《望江县发展壮大村级集体经济激励实施办法》，推动了村级集体经济的发展，实现了全面收入增长。在结对帮扶方面，望江县实现了全县65个脱贫村、乡村振兴示范村、乡村振兴重点推进村和红色村选派干部全覆盖，形成了单位包村、干部包户的常态化帮扶机制。通过落实“夏送清凉”“冬送温暖”等关爱行动，协调各方资源，为选派干部提供了更多支持。此外，通过工作清单的全面落实，望江县明确了各单位的责任任务，实现了对选派村的真实帮扶。

此外，望江县在乡村振兴中突显了独特工作特色，让先进典型成为乡村振兴“主引擎”。首先，通过宣传引导，设定“十大员”职责，实施“十分制”考核，并财政兑现人口补贴，取得了积极效果。宣传推介的先进经验被省、市改革办广泛传播，微信公众号专栏进一步弘扬选派干部的典型事迹，激发了他们的工作热情。其次，强化试点改革，推动党建引领信用村建设，构建“1314”工作模式，通过金融服务团和产业发展服务团的组建，实现了授信和用信的快速增长。同时，创新基层治理，出台村民小组长队伍建设的相关政策，明确选拔程序，设置岗位补贴，将优秀小组长纳入后备干部队伍培养。除此之外，善用扶持政策，推广“飞地抱团”发展模式，共申报 11 个扶持集体经济项目，注入资金 560 万元，实现了整体发展。最后，强调非公企业担当，引导其积极参与“万企兴万村”活动，联河集团推出“四大振兴模式”，在党建引领下推动产业发展和乡村振兴实现“多赢”局面。这些特色工作让先进典型成为乡村振兴的积极推动力量。

2. 目标引领

近年来，望江在发展中秉持着目标引领与相结合的理念，通过积极探索和创新，将濒临长江的区位优势成功转化为竞争优势。以“1+2+N”的发展思路为指导，望江坚定地将港口型开发区建设作为长期发展的方向，通过引进先进产业和现代物流业，实现了区域经济的良性循环和可持续发展。望江县政府明确了发展目标和工作重点，通过聚焦产业发展和项目建设，努力推动全县经济社会的全面发展，为实现现代化目标打下坚实基础。望江县巧妙地将目标引领融入整体规划中，通过目标的明确设定，促使各方共同努力，实现了县域的高质量发展。这一经验为其他地区提供了有益的借鉴，特别是在制定科学战略、推动产业升级、构建高效组织体系等方面，具有一定的普适性。

首先，望江致力于打造港口型开发区，将其定位为必须长期坚持的发展方向。这一举措旨在充分利用濒临长江的得天独厚的地理位置，将港口作为发展的引擎，为区域经济注入新的活力。通过引进一批依港而生的先进产业和现代物流业，望江成功地使港口型开发区建设成为促进产业升级和区域发展的重要支撑点。其次，望江在“1+2+N”中着力发展纺织服装和绿色食品深加工两大主导产业，以实现产业结构的优化和升级。在纺织服装产业方面，望江加快构建“四从四到”全行业、全品类、全产业链的发展格局，通过千方百计地引进先进技术和管理经验，成功打造了千亿纺织服装产业集群，并在长江中下游纺织服装领域崭露头角。这为当地经济的长期繁荣奠定了坚实的基础。同时，望江通过工业化的理念，充分开发农业资源，实现了“粮头食尾”“农头工尾”的良好格局。通过招引和培育一批绿色食品深加工龙头企业，望江成功推动了一、二、三产业融合发展，实现了农业资源的综合利用，为农村经济的发展注入了新的动力。最后，望江在“N”方面积极引进一批小型电子器件、新能源电池组件、汽车零部件、仓储冷链物流、现代服务业等新型业态，力求实现高质量发展的“升级版”。通过引进这些新型产业，望江不仅丰富了产业结构，还提升了区域经济的整体竞争力。这一系列的发展举措为望江在新时代走向更加广阔的舞台奠定了坚实的基础。

总体而言，望江通过“1+2+N”的发展思路，成功将濒临长江的区位优势转化为了竞争优势。通过建设港口型开发区、发展纺织服装和绿色食品深加工两大主导产业，以及积极引进新型业态，望江不仅实现了产业结构的优化和升级，还为区域经济的可持续发展打下了坚实的基础。在未来，望江将继续秉持目标引领与相结合的理念，不断推动经济发展，为实现高质量发展迈出坚实的步伐。

同时，望江县在产业升级和转型中，以“一带一路”和长三角一体化发展战略为指引，聚焦纺织服装产业，以提升产业水平为核心目标，通过整合优质企业，形成产业集群和全产业链的优势格局，成功打造了长三角纺织服装产业一体化示范区，推动了县域纺织服装产业的高质量发展。望江县的纺织服装产业集群形成了完整的纺织服装全产业链。企业数量达到 1014 家，其中 3000 多家童装电商中小微企业，年销售规模近 80 亿元，成功打造了 60 余个童装品牌，取得了显著的产业发展成效。纺织服装产业的升级和转型不仅提升了产业效益，也为当地居民提供了更多就业机会，助力脱贫攻坚。望江县通过深度挖掘优势，将童装产业作为特色，以电商为新动力，以创新为引领，形成了从原料到成品、从设计到销售、从线下到线上的全产业链生态圈。望江服装城等重点项目成为推动纺织服装产业转型升级的有力载体，为纺织服装产业提供了更多的发展空间。望江县旗下的申洲针织（安徽）有限公司是纺织服装产业的佼佼者，作为安徽省最大的针织服装出口企业，该公司以国际先进的设备和管理模式为基础，成功实现了产值的稳步增长、税收的提升以及出口业务的蓬勃发展。通过投入大量资金进行技改和信息化，公司在智能化转型升级方面取得显著成果，获得了“国家级两化融合贯标试点企业”和“安徽省智能工厂”等荣誉。同时，申洲针织（安徽）有限公司积极履行社会责任，为当地提供了大量就业岗位和社会福利，帮助贫困户脱贫致富，展现了企业的良好形象。

二、“多方参与”的发展格局

（一）政府与市场的双向驱动

多方参与的发展格局中，政府与市场的双向驱动是推动电商和产业升级的关键力量。在望江县，政府通过建立电商公共服务中心和县乡村三级物流体系，以及投资建设跨境电商产业园等措施，积极引导和促进市场活力，助力电商发展和产业升级。

望江县通过对县级电子商务公共服务中心场地设施的改造扩建，为全县电子商务发展提供了综合性服务。政府采取了政府购买服务的方式，竞争性选择承办服务商，并鼓励本地服务商与行业领先的第四方服务商合作，形成了公共服务的多元提供体系。这一做法有助于整合资源，提升服务水平，为电商企业提供全程的社会化服务，包括信息咨询、业务统计、行业规划等，进一步激发了市场主体的活力。同时，政府通过建设县乡村三级物流体系，通过招标选择承办服务商，实现了“乡乡有网点、村村通快递”的目标。在物流体系建设中，政府的引导作用非常明显，通过优先选择禽蛋、大米、水产等特色品类，有针对性地解决农产品上行的难题。[①]这种双向驱动的模式有力地推动了电商和物流行业的发展。

政府投资建设以发展童装产业为核心的跨境电商产业园，是政府与市场双向驱动的又一典型案例。园区的建设不仅为童装产业拓宽销售渠道，也充分发挥了跨境电商的快速发展优势。政府通过引入专业的运营商团队，提供一站式全生态服务，解决了企业在运营

---

① 安徽安庆望江：特色水产养殖开辟增收新空间［J］. 渔业致富指南，2021（8）：5-6.

跨境电商过程中的多种问题，如注册开店、培训孵化、品牌营销、跨境物流、跨境合规等。这种方式不仅有力地推动了本地电商企业的国际化发展，也为望江县的电商产业升级提供了有力支持。政府与市场的双向驱动推动了电商与产业升级的深度融合。通过建设电商公共服务中心，政府在推动电商服务水平提升的同时，也为产业提供了更好的电商支持环境。而建设县乡村三级物流体系则加速了农产品上行的通路，为产业提供了更为便捷的销售渠道。跨境电商产业园更是直接推动了童装产业的国际化发展，带动了整个县域产业的提档升级。

在这一过程中，政府的作用不仅在于提供资源和政策支持，更在于引导市场活力、促进企业创新。市场机制则通过竞争机制，不断优化资源配置，提升企业竞争力。这种双向驱动的发展格局不仅仅是政府单方面的引导，更是政府与市场相互促进、相互激发的共同发展模式。政府与市场的双向驱动是多方参与中的重要组成部分。在望江县，这种模式通过电商公共服务中心、县乡村三级物流体系、跨境电商产业园等载体得以充分体现。政府的引导和市场的活力相互交融，共同推动了电商和产业的发展。这一模式为其他地区提供了可借鉴的经验，展示了政府与市场共同推动多方参与的良好效果。

（二）遍地开花的中小企业

在望江县，多方参与的发展格局中，中小企业的蓬勃发展成为经济的亮点。通过打响童装品牌、抢抓新型业态、畅通流通渠道、壮大产业集群、延长产业链条、实行梯度培育、突出招大引强、强化项目支撑、推动质量建设等一系列策略和措施，望江县的中小企业规模不断壮大，形成了独具特色的产业集群，推动了产业升级和经济增长。①

望江县深入实施“凤还巢”工程，聚力打造以经开区为核心、乡镇工业集中区为支撑的“1+2+N”产业联动平台。通过这一工程，望江县培育壮大了纺织服装产业集群规模，形成了具有竞争力的产业体系。同时，制订了外资招大引强行动方案，瞄准长三角、珠三角等知名纺织服装企业，精准招引、加快落地。2022年以来，成功引进了上总纺织、联润纺织等亿元以上的纺织服装项目，总投资达56.9亿元。②通过实施梯度培育，企业规模不断提升。全县纺织服装企业达1014家，其中规上企业44家。这些企业的营业收入超过20亿元的企业有1家，10亿元企业有2家，亿元企业有6家，显示出企业规模和综合实力的显著提升。望江县依托拼多多、抖音、淘宝等知名平台，加强与巨量引擎的合作，强化省级跨境电商产业园的创建。通过发展童装电商中小微企业，望江县吸引了3000多家企业，其中50余家年销售量超过150万件，市场份额占拼多多平台童装目类的20%以上。中小企业在电商领域取得了显著成绩，网上销售童装超过2.5亿件，年销售规模近80亿元。这表明县域内中小企业积极拥抱新型业态，灵活运用电商平台，取得了

① 何劲.携手打造千亿集群，望江县政府与安徽纺协签约合作［J］.纺织服装周刊，2022（24）：6.

② 王振超.望江县农村基层社会治理法治化问题及对策研究［D］.合肥：安徽农业大学，2022.

可喜的业绩。同时，望江县实施龙头骨干企业培育计划，开展“个转企”“小升规”培育，构建“头部企业+中小企业”生态圈。这一计划推动了中小企业与头部企业的深度合作，形成了互惠共赢的合作模式。望江县编制纺织服装产业招商图谱，承办了中国（安庆·望江）现代纺织服装产业发展大会等活动。这些活动吸引了众多知名纺织服装企业，共引进了29个总投资达56.9亿元以上的纺织服装项目。

通过各项措施，望江县实现了中小企业的遍地开花。中小企业在童装产业、电商领域等取得显著成绩，为望江县的产业升级和经济发展注入了新的动力。这一过程中，政府的引导和市场的活力相互促进，共同推动了中小企业的发展，为区域经济的蓬勃增长做出了积极贡献。

（三）脱贫群众的积极参与

2023年以来，望江县在脱贫攻坚的基础上，积极开展暖民心就业促进行动，以“就业”与“招工”需求为重点，发挥政府和市场的联动作用，通过建设“三公里”就业圈、困难群体就业帮扶、支持高校毕业生县内就业、举办返乡农民工专场招聘会等一系列措施，实施多方参与，让劳动者和用工企业感受到更多暖心服务。在立足本地资源优势的基础上，县政府结合实际，采取了精准发力的措施。特色种植养殖、生态旅游等产业项目成为重点，为脱贫群众提供了有力支持。

为了强化企业招工用工服务，望江县人社局推出了“一企一策”个性化用工招工服务。为重点企业提供个性化服务，满足不同企业的用工需求。这为企业提供了更灵活、更精准的用工服务，同时也提高了企业的招工效率。望江县在脱贫攻坚的基础上，以“宜业工坊”为抓手，构建了多方参与的新格局。通过依托“宜业工坊”这一载体，实现资源禀赋和特色产业优势的整合，推动农村产业发展，助力农民就业增收。在短短数月内，望江县成功创建了71家“宜业工坊”，吸纳就业人员2265人，人均月增收2500余元。这一模式为农民实现“家门口、进工坊、拿工资”提供了有力支持，推进了农村产业的发展和农民的就业增收。

望江县杨湾镇杨湾村的海平食品厂是一个典型的的例子，该厂从家庭作坊发展为标准化、数字化的生产车间，成为当地产业升级的代表。这个食品加工厂的成功运作不仅带动了就业，也激发了脱贫群众的积极性。厂内设备更新、产业升级为周边30余人提供了就业机会，其中有25人为脱贫户等困难群众。对于以前只能外出打工的村民来说，现在在家门口就能找到工作，实现了就业和顾家两不误的美好愿景。这一发展格局不仅助力了村民增收，也为村集体经济注入了新动力。食品加工厂的标准化生产车间提高了生产效率，引来更多客户，为村集体经济每年增收24万余元。通过不断谋划新项目，推动产业升级，该镇不仅在脱贫攻坚上取得了胜利，还为乡村振兴提供了坚实支持。

通过引入新产业，发展新业态，整合多方资源，实现了企业发展与村集体增收的“双赢”。这种模式不仅可以在当地推广，也为其他地区提供了可借鉴的经验，为农村新型集体经济的发展提供了有益启示。通过脱贫群众的积极参与，农村经济得到了全面振兴，为建设富裕美丽乡村贡献了力量。①

在未来，望江将继续聚焦城乡融合发展，同筑乡村振兴共富路。推进以县城为重要载体的城镇化建设，畅通城乡要素流动，全面提升城乡发展水平。望江将继续建设宜居韧性智慧城市。坚持人民城市人民建、人民城市为人民，不断提高城市规划、建设、治理水平。强化“五大帮扶”，增强脱贫群众内生发展动力。鼓励衔接资金整合使用，撬动社会资本投入乡村特色产业发展。加快发展富民经济。发展新型农业经营主体和社会化服务，培训新型职业农民。实施乡村旅游“421”行动，举办农民丰收节、油菜花系列赏游、“雷池飞歌”等品牌活动。持续推进乡村建设，强化传统村落和古建筑保护，落实村庄建设简易审批政策，加强农民建房审批管理和违法问题整改。推进农村人居环境整治提升行动，加强改进乡村治理。深化党建引领信用村建设，巩固高价彩礼、大操大办等移风易俗重点领域整治成果。健全自治、法治、德治相结合的乡村治理体系，发挥“一约四会”作用，创建乡村治理示范村镇。

第三节　在国家区域性战略上体现望江担当

望江案例不仅是一个县域经济发展的生动缩影，更是为我们揭示了实现高质量发展的关键路径。首先，望江县积极融入国家高质量发展战略，为其他地区提供了在国家大局中找准定位的重要启

---

① 李彦 . 连片特困地区美丽乡村建设路径研究［D］. 芜湖：安徽工程大学，2022.

示。其次，望江县在产业集群建设与发展上取得新突破，为其他县域的产业升级提供了可行模式。最后，望江县在坚持改革推动农村新型集体经济方面取得新成就，为农村经济注入了新活力，为其他地区农村改革提供了有益的经验。

望江主动融入国家区域性发展战略，充分发挥地理位置和资源优势。积极响应国家政策，发展战略性新兴产业，推动现代服务业发展，为国家经济建设贡献力量。望江将成为区域发展的重要引擎，为实现全面建设社会主义现代化国家目标贡献望江的力量。

一、望江县在积极融入国家高质量发展战略上展现新作为

望江县积极融入国家高质量发展战略，展现了新的作为，特别是在融入长三角战略和国家区域发展战略方面，取得了一系列成果。望江县在长三角等区域积极进行“双招双引”活动，不仅定期派遣县领导赴苏、浙、沪等地进行招商，还加强与当地商协会和行业协会的合作，促进资源、资金、项目、人才等各类要素向望江集聚。通过走访、座谈、考察等活动，加强与各地区企业和商会的沟通联系，为望江县的产业发展提供更多机遇。望江县纺织服装产业链通过与长三角地区行业协会、企业进行深度合作，推动纺织服装项目向望江集聚，实现产业链的优势互补。同时，望江县县长在中国国际纺织面料及辅料博览会和中国国际服装服饰博览会中积极参与，并与行业专家、企业家进行深入交流，加强对纺织行业的了解，推动本地产业的发展。

除此之外，望江县积极拓展合作领域，从纺织服装到新材料、

预制食品等领域，通过与不同行业企业的合作，实现资源共享，推动多产业协同发展。望江县通过融入长三角战略，将本地优势与长三角地区的产业链协同发展，形成了战略合力，有益于推动本地产业升级。主动拓展合作领域，不仅仅局限于传统产业，望江县通过跨界合作，将合作领域拓展至新材料、预制食品等领域，更好地适应产业发展的多元化趋势。[①]

二、望江县在积极推动产业集群建设与发展上呈现新突破

产业集群建设是地方经济升级和可持续发展的重要策略。通过将相关产业企业集中安置在一定地域，形成紧密的产业网络，可以实现规模效应、降低生产成本，提高整体经济效益。产业集群有助于打造地方性的产业品牌，形成独特的经济特色，提升地方在国际市场的竞争力。[②]在产业集群中，企业之间存在着密切的协同合作，共同应对市场挑战，共享创新资源。这不仅提高了企业的综合竞争力，还加速了技术创新的步伐。同时，产业集群的形成也有助于推动人才的聚集和培养，形成更具创新力的人才群体。地方政府通过引导和支持产业集群的建设，能够更有效地推动地方经济结构的升级，提高产业附加值。产业集群对于地方经济的增长、就业的提升，以及科技创新的推动都具有积极的作用。总体而言，产业集群

---

① 望江服装城：打造长三角纺织服装产业理想承接地［J］. 纺织服装周刊，2023（35）：12.

② 何劲 . 携手打造千亿集群，望江县政府与安徽纺协签约合作［J］. 纺织服装周刊，2022（24）：6.

建设是推动地方产业升级和可持续经济发展的关键因素，对提高地方整体经济水平和综合竞争力具有深远的意义。

望江县在产业集群建设与发展方面取得了令人瞩目的新突破。通过深入挖掘本地产业资源，政府引导企业形成了一系列具有竞争力和影响力的产业集群，推动了地方经济的快速发展。政府与企业的密切协作是新突破的重要保障，政府为企业提供了优惠政策、基础设施建设等方面的支持，形成了政府与企业合作共赢的良好局面。在产业升级方面，望江县通过加强产业链的完善，引入先进技术，提高了整个产业链的附加值，促使企业更好地适应市场需求，提高了市场竞争力。同时，望江县注重引进高素质人才，通过建设研发中心等措施吸引了大量优秀人才，为企业的技术创新和发展提供了有力支持。这一系列新举措为望江县经济发展注入了新的活力，为地方产业的升级、创新和可持续发展提供了坚实基础。通过形成更加完善的产业生态系统，望江县不仅提高了本地产业的整体水平，也为吸引更多投资、提高地方综合竞争力创造了有利条件。这一成功经验对于其他地区推动产业集群建设与发展具有借鉴意义。

最典型的案例是长岭镇产业园的打造。望江县长岭镇在 2019 年面临着产业结构单一、二产业基础薄弱、经济发展乏力的问题。为了解决这一难题，镇村两级展开了一系列研讨和头脑风暴，提出了“统筹资金、合力建园”乡镇小微产业园的建设模式。[①] 长岭镇

---

① 望江县长岭镇:“小蚂蚁”如何搬出个“制造名镇”[J].纺织服装周刊，2023（35）：13.

党委通过研究政策、深入了解政策内容，在严格遵循土地红线政策的前提下，通过城乡建设用地增减挂钩、耕地占补平衡等手段，攒集了建设用地。这包括在其他草地开发项目中，通过合理的规划，新增了约 5.7685 公顷的建设用地。长岭镇采用渐进式的方式，逐年拓展土地规模。通过每年的征迁、用地政策的合理运用，使产业园从最初的一期建设扩展到如今的五期，标准化厂房从最初的 4 栋增加到 18 栋。长岭镇采用“集中力量办大事、融合资金创基地”的方式，分年度统筹整合村级扶贫资金、衔接资金和部门财政资金支持产业园项目建设，累计整合资金达 1.893 亿元。镇、村协商共建，采取股份制经营，确定了 17 个村集体股东。通过合同明确各村资产产权归属，按出资额比例进行收益分配。此外，成立了安徽省丰盈产业发展有限公司，专人负责产业园的运营管理。镇里通过信用贷款的方式，为企业提供了资金支持。为解决企业流动资金问题，镇里还帮助从县资金池争取到过桥资金。①

长岭镇在产业定位上充分发挥本地的三重优势，包括传统产棉大县的原料优势，近千家纺织服装制造企业形成的产业链优势，17 万产业工人的人力资源优势。通过面向本地企业开展招商，如采取信用贷款、提供过桥资金等方式，鼓励企业入驻，提高了产业园的入驻率。镇党委在面对疫情影响和企业入驻问题时，采取了灵活的措施，降低产业园入驻门槛，暂时放宽了企业设备工艺标准的要求，以保障产业园的运营。通过不断的拓展，长岭镇扶贫产业园

① 杨芊蔚，张丽娟，张权中 . 数字普惠金融、脱贫质量与地方经济发展——以安徽省望江县为例［J］. 大众投资指南，2022（7）：194–196.

从最初的 4 栋标准化厂房发展到如今的 18 栋，产业园规模得到显著扩大。18 家企业的入驻为本地居民提供了大量就业机会，为本地居民改善了生活条件，也提高了整体经济水平。镇内企业，如望江硕丰纺织有限公司，产值从最初的 2000 万元增长到现在的 8 亿元，证明了选择合适的产业定位的重要性。长岭镇通过扶贫产业园的建设，成功打造成中国服装棉纺织制造名镇，为本地区经济的振兴和发展树立了榜样。[①] 通过“小蚂蚁搬家”的精神，望江县长岭镇在产业集群建设上，以长岭镇扶贫产业园为代表，形成了一种创新的发展模式，为其他地区提供了可借鉴的经验。通过土地的合理利用、资金的灵活调配、产业的科学选择，他们成功地推动了本地产业的蓬勃发展，为当地经济的振兴和社会的稳定做出了卓越的贡献。

总体而言，推动产业集群建设与发展对于地方经济的繁荣、社会的稳定以及可持续发展具有深远的意义。这种集群式的发展模式，不仅有助于提高企业的竞争力，也为地方创造了更多的经济价值和就业机会，推动了整个地区的繁荣与进步。望江县积极推动产业集群建设与发展，通过形成良性循环的产业生态系统，取得了新的突破。这一系列举措不仅加速了本地经济的发展，也为产业升级和可持续发展奠定了坚实基础。望江县在产业集群建设上的成功经验对其他地区具有借鉴意义，为推动县城经济发展贡献了积极经验。

---

① 安徽省望江县：建设长江中下游纺织服装第一县［J］. 纺织服装周刊，2023（35）：11.

三、望江县在坚持改革推动农村新型集体经济上有新成就

农村新型集体经济的改革是推动农村全面振兴的重要一环，对实现乡村经济可持续发展至关重要。首先，改革能够激发农村经济发展的新动能。通过引入先进的管理理念和科技手段，农村集体经济得以转型升级，培育新兴产业，从而注入新的活力和动力。这有助于推动传统农业向现代农业的过渡，提高农业生产效益和质量。其次，农村新型集体经济的改革能够促进农民增收。通过发展新型经济组织和产业，农村居民可以参与更多高附加值的经济活动，拓宽收入渠道。这不仅提高了农民的生活水平，还增强了其对农村发展的积极性。新型集体经济的发展还可以为农村提供更多就业机会，吸引农民返乡创业，推动农村产业结构的升级。再次，农村新型集体经济的改革对乡村社会治理具有积极作用。新型集体经济组织通常具有更强的组织性和协调性，能够更好地协同推进社会事务。在改革中，可以建立更加健全的村级组织机构，强化基层自治能力，提高农村社区的整体治理水平。最后，农村新型集体经济的改革有助于构建可持续发展的农村经济模式。通过注重生态环境保护、资源可持续利用，新型集体经济在发展过程中更加注重生态平衡和可持续性，有助于实现农村经济、社会和生态的协同发展，为未来提供可持续的农村发展路径。

综合来看，坚持改革推动农村新型集体经济的发展对于实现全面建设社会主义现代化国家目标、实现乡村振兴具有重要意义。这不仅是一种经济发展模式的转型，更是社会治理和生态文明建设的

重要举措。只有在坚持改革的道路上，不断推动农村新型集体经济的创新和发展，才能为中国乡村的可持续发展提供坚实支撑，实现经济、社会和环境的全面协调可持续发展。[①]

一座座智慧大棚结出“幸福果”，一间间服装工厂“织”出“致富路”，一个个特色产业托起群众幸福生活……近年来，望江县把发展壮大村级集体经济作为推动乡村振兴的发力点，结合自身的实际，通过特色产业发展、典型示范带动等方式，积极探索实践村集体经济发展新路径，为全面实现乡村振兴注入强劲动能。[②]

鸦滩镇香茗村在乡村振兴中通过发展药用野菊花和黑木耳种植等产业，创新村级集体经济发展模式，成功推动农户增收致富。香茗村的试验性种植药用野菊花项目为农村集体经济注入新动力，每亩地可创收 2000 元左右。同时，黑木耳的种植规模不断扩大，为村级带来显著收益，通过用工带动脱贫户就业，实现了农业产业链的有机衔接。这一创新做法不仅在香茗村取得了明显成果，也在鸦滩镇的其他村庄得到了复制和推广，为农村振兴提供了可行的示范。这种基于产业振兴的集体经济发展模式，有望在更广泛的乡村振兴实践中取得更为广泛的成功。

望江县华阳镇在乡村振兴中采用光伏板下种植经济作物的创新模式，通过发展艾草和地肤子等作物，实现了经济效益和生态效益的双赢。该镇党建引领，组织联动，通过党支部引领、班子带头、

---

① 王佩瑶 . 皖西南地区望江县美丽乡村规划研究［D］. 杭州：浙江农林大学，2020.

② 黎莉莉，胡晓群，高静 . 传统与新型农村集体经济的制度比较及其治理取向［J］. 南方经济，2023（11）：1–18.

党员带动，采取“村党支部 + 企业 + 农户”模式，规模种植光伏板下经济作物。农民积极参与，通过盘活资源，规模种植，发展集体经济，取得了显著成果。此外，通过光伏板下经济作物的收益，一部分用于建设村内基础设施，实现全村村民共享经济成果。同时，该镇还组织公益性岗位人员就近在电站内打理作物，增加了村民的收入。这一创新模式为乡村振兴提供了有效抓手，为高质量发展提供了强有力的支撑。华阳镇通过坚持改革，积极推动农村新型集体经济，以光伏板下经济为例展现了绿色发展的创新模式，不仅促进了农村经济的增长，也为乡村振兴注入了新的活力，为实现农业高质量发展提供了强大的支持。

望江县望马楼村在坚持改革推动农村新型集体经济方面取得了显著成就。村庄根据《望江县村级集体经济发展专项规划》的要求，积极整合自身资源，充分利用生态环境、区位优势、资源禀赋等特点，通过深入实施“百千万”工程，创新经营机制，实现产业延伸和关联发展，为农村振兴贡献了积极力量。该村在改革中明确发展目标，以集体经济壮大为出发点，通过百村规模示范、千村规模推广、万村规模延伸，全面推进农村集体经济发展。同时，望马楼村在经营机制上进行创新，采取“村党支部 + 企业 + 农户”的模式，发挥党组织的引领作用，形成了组织联动的良好局面。为了实现集体经济的多元发展，该村通过农旅文的有机结合，拓展了产业发展路径。这一举措不仅提高了农产品的附加值，还为当地农民创造了更多的就业机会。农旅文的结合为村庄带来了新的发展动力，促进了农村集体经济的繁荣。[①]

望江县的经验表明，通过充分发挥乡村的自然和人文资源，创新经营机制，引入新的产业发展路径，农村集体经济可以取得显著的发展成果。这不仅是对传统农业模式的一次积极改革，更是在推动农村振兴的过程中，为农民提供了更多的致富途径。在今后的发展中，望江县可以继续保持对新型集体经济的坚持和创新，为实现农村经济的高质量发展提供更多有益的探索。总体而言，农村新型集体经济的改革是一个全面而系统的过程，它涉及经济、社会、生态等多个方面，对于农村全面振兴具有深远的意义。这一改革势在必行，将为农村经济注入新活力，提升农村居民的生活水平，推动农村社会治理的现代化，为建设社会主义现代化国家奠定坚实基础。

在未来，望江将继续聚焦改革开放创新，融入区域发展新格局。坚持创新发展和改革开放双轮驱动，不断增强经济社会发展动力和活力。望江将继续增强重点改革牵引力。落实新一轮全面深化改革，加强改革系统集成、协同高效。深化国资国企改革。巩固国企改革三年行动成果，完成新望集团、皖水公司、中望公司等国有企业及国资改革，做优做大做强国有资本。深化财税金融改革。全面实施零基预算改革，提高财政预算管理绩效。推行财政资金“拨改投”改革，提高雷池产业基金投资运作水平，大力招引市场化基金。深化资源节约集约改革。巩固农村集体产权制度改革成果，提

---

① 芮秀兰，牛晓静．农村新型集体经济的实现形式及运行机制的创新路径探析［J］．山西农经，2023（21）：84–86.

升农村“三变”改革质效，发展壮大新型农村集体经济，推动村集体经济组织成员分红。深化行政管理体制改革。推进经济发达镇行政管理体制改革，有序开展乡镇机构改革，为基层减重赋能。完善区划调整后派驻街道机构设置和职能配置，增强居民获得感、幸福感。望江将继续增强开放合作影响力。抢抓国家战略机遇，加快形成内外联动、双向互济开放模式，推进高水平对外开放。加强等高对接。深度融入长三角一体化发展，常态化开展对标沪苏浙专项行动，与更多县区建立紧密型、互补型合作关系，提升产业链、供应链、创新链共建水平。落实中部地区高质量发展战略，加快融入安庆中心城区同城化发展。加强多元合作。积极参与“一带一路”建设，鼓励鼎立汽配、博泰电子等企业开拓欧美、日本等传统市场，引导旭众科技、金泉科技挖掘印度、印尼等新兴市场。望江将继续增强科技创新驱动力。深入实施创新驱动发展战略，不断开辟发展新领域新赛道。培育一批创新主体。建设一批创新平台。实施科创平台建设工程，深化与东华大学、安农大等高校院所合作，推动纺织服装产业研究院、协同技术服务中心建设。加强与中棉所长江研究中心产学研深度融合，大力发展数字经济，支持平台企业发展，转化一批科技成果，实行重点领域科技攻坚计划。

第四节　在新时代乡村振兴事业中开创望江品牌

望江深入实施乡村振兴战略，注重农业现代化和农村产业发展。通过优化农业结构，提高农产品附加值，望江将在新时代乡村振兴事业中开创望江品牌。借助现代信息技术，推动农业科技创新，提升农村生产力水平，助力乡村振兴取得实质性进展。

安徽联河股份有限公司作为农业产业化国家级重点龙头企业，以其多方面的荣誉和业绩，展现了在现代农业领域的卓越实力。联合集团在全国范围内屡获殊荣，是全国首批放心粮油示范企业、全国大米加工 50 强企业，并被评为“高新技术企业”“安徽省科技创新型试点企业”以及“安徽省诚信示范企业”，公司的“联河”商标被认定为“中国驰名商标”。在经营模式上，公司注重订单模式生产，实行供给侧结构调整。通过公司与基地农户签订原粮购销合同，实现订单农业，根据不同地区的消费习惯和口感要求进行原粮配比生产，实现了农超对接和农店对接，建立了“唯贤型、精英式”管理体制。这种模式不仅确保了产品质量，降低了农户的种植风险，还带动了基地农民的增收致富。通过全面推进管理创新、依托转型促发展、持续开展科技创新以及推进品牌战略定位，安徽联河股份有限公司在农业产业化和现代农业方面取得了显著的成就。企业通过不断提升管理水平、创新生产方式、深化科技应用，为中国农业的升级和可持续发展树立了标杆。

2022 年，望江县在产业结构方面采取了一系列创新的措施，实施了工业提质扩量增效“235”行动。通过对 183 家工业企业进行“亩均效益”评价，望江县成功建成标准化厂房 28 万平方米。在工业项目方面，瑞恒电子、宣臻化妆品包材等 14 个亿元以上项目竣工投产，三大主导产业实现产值 137 亿元。同时，望江县培育了 8 家高新企业、各 4 家战新和“专精特新”企业，新增了 5 家两化融合管理体系评定企业、5 家智能工厂、6 个数字化车间，同时认定了 1 个安徽工业精品。

在迈向“千亿级纺织服装产业集群”“全国纺织服装名县”的过程中，望江县以科技引领为主要驱动力，推动纺织服装产业高质量发展。通过采用新设备催生新模式和新技术提高生产效益的方式，企业逐渐形成了共识。望江县近年来出台一系列科技创新措施，重点支持企业自主研发，与高校、科研机构合作建立产业技术创新联盟。截至 2022 年年底，全县共有 69 家“专精特新”企业，两化融合管理体系评定企业 10 家，工业设计中心 9 个，企业技术中心 5 家，数字化车间 12 个，智能工厂 8 家。

望江县通过建立基金、制定激励政策等方式推动产业发展。县内的优惠政策和资金支持有效促使纺织服装产业迅速发展，带动了全县纺织产业的提升。龙头企业如申洲针织（安徽）有限公司等加大了自身发展力度，同时带动了产业链的完善和市场的细分，为望江县经济社会发展注入新的活力。望江县现有近 1100 家纺织服装企业、3000 家小作坊和 2500 多家电商主体，拥有庞大的生产规模和从业人数，形成了纺织服装全产业链。政府通过制定产业发展基金、工业引导基金等政策，推动了产业集群建设，为纺织服装产业注入了强劲动力。

构筑主导产业支撑体系，打造发展品牌是望江县实现农业现代化和乡村振兴的关键战略之一。通过农业节庆活动、炒饭大赛、油菜花系列赏游活动等多元载体，望江县积极促进现代农业从“生产”向“消费”转变，推介望江形象、唱响产业大戏，强化农旅相融。以下将从多个维度深入分析和扩充，以更全面地展示望江县在构筑主导产业支撑体系、打造发展品牌方面的措施和成效。望江县通过举办农业节庆活动，将丰富的农业资源和文化特色融入节庆中，进一步激发农民生产热情，提高农产品的附加值。这种形式既能吸引游客，也能让农民更好地参与到现代农业的推广中。例如，农民丰收节、水稻文化节等，不仅让农产品与传统文化相结合，更为农业产业的发展注入了新的动力。

2022 年，望江县成功举办第一届望江炒饭大赛，通过这一活动，不仅弘扬了望江美食文化，还成功打响了“望江炒饭”品牌。这种活动不仅是对本地炒饭技艺的一次展示，更是为当地特色农产品“走出去”提供了重要平台。通过大赛，望江炒饭逐渐走红，成为望江县的代表性美食品牌，吸引了众多游客和投资者前来品尝和合作。除此之外，望江县连续举办七届芜湖·望江特色农产品展销会，为本地农产品提供了一个重要的宣传和销售平台。这不仅加强了农产品与市场的对接，更提高了望江农产品的知名度。在展销会上，农民可以直接面对消费者，了解市场需求，进一步推动了农业由“生产”向“消费”转变的步伐。而油菜花系列赏游活动成为望江县另一独具特色的推广形式。通过举办这类活动，望江县不仅提高了本地农业资源的知名度，也通过美丽的油菜花海景观，吸引游客，促进了旅游业的发展。同时，将这一系列活动纳入节庆体系，更是形成了一种长效的品牌推广和农旅相融的发展模式。同时，望江县致力于发展休闲观光农业，通过建设农耕文化体验区、红色文化和传统文化研学实践基地，以及推进圩上花田特色小镇建设，实现农业与旅游的深度融合。这不仅为游客提供了丰富的休闲体验，也为农民创造了新的收入来源。农耕文化体验和文化研学活动使游客更深入地了解当地的农业历史和传统文化，形成了具有望江特色的休闲农业品牌。①

望江县通过农业节庆、特色美食、农产品展销、油菜花赏游等活动，积极推动农旅融合发展。这一战略不仅带动了农业产业的转型，也使得农村成为游客们休闲度假的理想场所。农旅融合发展不仅能够提高农产品附加值，也能为农村经济增加新的增长点，促使农村面貌焕然一新。

在未来，望江将继续紧盯重大产业项目。用重大项目增量调整产业结构、优化经济结构，为高质量发展注入“源头活水”。加快先进制造业项目、现代农业项目、现代服务业项目建设，培育服务经济新模式，推进纺织服装、绿色食品加工等优势制造业与现代物流、文化创意等生产性服务业融合发展。在新时代乡村振兴事业中继续开创望江品牌。

---

① 王瑞，周振宏，李莹莹．乡村振兴背景下乡村文化与乡村旅游融合发展路径研究——以望江县凉泉乡为例［J］．皖西学院学报，2022，38（3）：76-80.

附　录
典型案例精选

案例 1　产业兴旺的典型：望江现代农业产业园案例

一、背景

2022 年 4 月，农业农村部和财政部联合公布 2022 年农业产业融合发展项目创建名单，望江县现代农业产业园成功入选 2022 年国家现代农业产业园创建名单，成为安庆市此次唯一入选的产业园。

望江县现代农业产业园赛口核心区位于大河村，与皖河农场、漳湖镇隔河相望，核心区自投入建设以来，坚持“姓农、务农、为农、兴农”建园宗旨，以建设现代农业产业园为重要载体，学习借鉴国家现代农业产业园建设经验，依托优势特色主导产业，推进“生产 + 加工 + 科技 + 品牌”一体化发展，力争成为引领农业农村现代化的排头兵、乡村产业兴旺的新样板。

二、主要做法及成效

（一）协商议事，凝聚共识

建设现代农业产业园，遇到少数群众不愿意流转土地怎么办？大河村的做法是：把“三变改革”工作做深做实，将全村12087亩土地全部流转到村集体，并注册“安庆大河农业社会化服务有限公司”，将全村土地以入股的方式全部流转到公司，村级占股51%，并吸收8名种植大户为公司股东。按照入机械、土地亩数为股份分配。

前期，为顺利将农户闲置田地流转到村，村“两委”通过夜间农户农闲在家期间，深入各村民组，召开板凳会，通过队长包队、党员包户的形式动员村民参会商讨土地流转事宜。板凳会上，村民针对最关心的土地流转价格这一问题各抒已见，村“两委”也充分听取村民意见，最终会议一致决定了根据各小组的土壤、水利、基础条件等来确定最终流转价格。确定好流转价格后，大河村以小组为单位，由村民组长确认所在村民组各户土地亩数，并与每户意向流转户签订流转合同。

（二）依托公司，“统一”运作

大河村依托大河农业社会化服务有限公司运作，坚持以抓工业的理念抓农业，统筹园区项目规划、资源开发、市场对接、技术引进、利益分配和设施配套。

统一种植品种，聘公司与知名农资、石化公司等合作，统一采购种子、化肥、农药和相关农资产品，既保证产品质量，又降低产品成本。

统一机械化耕种播种，合理配置耕种机械 10 台、水稻插秧机 6 台、收割机 15 台、植保无人机 4 台、油菜旋播机 3 台、秸秆打捆机 2 台，成功实现降低耕种成本 10%。统一购销，公司负责购买种子、化肥、农药，节约农资成本 10%，待水稻、油菜成熟后，以高于市场价的 10% 统一订单式销售。统一科技管理，请县农业农村局、中国棉所、中油所、水稻农科院博士团队坐镇，提供技术指导。此外，全村有意愿的村民，可以就近到公司务工，并签订劳务合同，公司根据岗位设置，安排人员上岗，并实施统一管理，让农民就近就地就业，更多分享产业增值收益。

（三）接“二”连“三”，业兴农富

项目建设完成后，将会增加当地农产品优势产业的有效融合，推动一、二、三产业紧密结合，通过流转土地带动农民从事高效种植和养殖，提高产业经营效益，形成完整的一、二、三产业链条。

一产方面，大河村“两委”因地制宜，将流转过来的 12087 亩按照每块 40—50 亩的标准科学划分田块。分为种植区和养殖区，并邀请农科种植专家、养殖专家进行科学指导，采用“水稻 +”模式将种植和养殖充分结合，计划统一种植优质稻油连作 11087 亩、养殖优质稻虾 1100 亩。

二产方面，大河农业社会化服务有限公司设立专门稻米油菜籽烘干加工区，引进先进农作物烘干设备，在丰收期统一收购园区水稻和油菜籽，由烘干中心加工成高品质大米和菜籽油，向外出售。此外，还回收农户黄豆、玉米、芝麻等农产品深加工，制作成糕点、饮料等食品，向外出售。

三产方面，以大河农业社会化服务有限公司为龙头，根据农副产品时令策划举办一批品牌营销推广活动，例如在万亩油菜花花开、稻谷秋收时节举办一场大型旅游采风活动，结合春游赏花、黄梅戏展演、服装走秀等活动，吸引游客前来观光旅游。线上通过带货直播、线下邀请媒体到场采风报道，力争扩大活动影响。

后期，赛口镇党委政府将秉着“带着农民干、带着农民富、带着农民强”的服务理念，加强创建指导，加大政策支持，推进规模化种养基地建设，促进产业园一、二、三产业融合发展，建成一批产业特色鲜明、要素高度集聚、设施装备先进、生产方式绿色、经济效益显著、示范带动有力的国家现代农业产业园。望江县国家现代农业产业园赛口镇核心区农机大院目前已建成，2023 年 3 月投入运作。

案例 2　园区发展的典型：长岭镇乡村振兴产业园案例

一、背景

蚂蚁搬家，想必大家都见过：一群小小的蚂蚁，一毫一毫前行，一点一点搬运，最终拥有了硕大的巢穴、充足的食物。安庆市望江县长岭镇的干部们亦是如此。每年“搬”来一点土地、“搬”来一点资金、“搬”来一点企业，5 年的时间，“搬”来了个产业园，“搬”出了个制造名镇。

他们是如何“搬动”这些资源？又有哪些经验可供借鉴？

二、主要做法及成效

（一）统筹资金、合力建园

长岭镇位于太湖、宿松、望江三县交界处，可谓地处偏远、先天平平，产业也是如此。一产结构单一，二产基础薄弱，经济发展乏力。乡村产业如何振兴？镇村两级为此展开了一轮又一轮的“头脑风暴”。“集中力量、抱团取暖。”镇党委书记汪结冰说。“统筹资金、合力建园”的乡镇小微产业园模式由此产生。

建设乡村产业园，土地是横亘在眼前的第一道坎。土地红线不能突破，建设用地从哪来？研究政策、吃透政策，城乡建设用地增减挂钩、耕地占补平衡、自主开发项目……长岭镇党委班子“螺蛳壳里做道场”，但凡能想到的“招”、能跑到的“指标”一个不落。在落实最严格的耕地保护政策的基础上，想方设法弥补建设用地的不足。只要有指标，就启动征迁。同时，按照“占多少，补多少”的原则，补充同等数量和质量的耕地。这在望江县自然资源和规划局最近公示的新增耕地项目上也可窥见一二：望江县长岭镇土永村等 7 个村其他草地开发项目投资 44.39 万元，新增耕地面积 5.7685 公顷。5.7685 公顷！也意味着这一年他们攒出了 80 多亩的建设用地。2019 年建园开始，30 亩、40 亩、60 亩……如小蚂蚁搬家一样，一年一年地攒，产业园从最初的一期建到了如今的五期，标准化厂房从最初的 4 栋建到了如今的 18 栋。

（二）集中力量办大事、融合资金创基地

征地、园区建设、配套完善都需要资金，这对于财力并不富余的长岭镇是第二道坎。长岭镇辖有 17 个村，在不改变扶贫资金和乡村振兴衔接资金用途和管理要求前提下，分年度统筹整合村级扶贫资金、衔接资金和部门财政资金支持产业园项目建设，累计整合资金 1.893 亿元。

镇、村协商共建，采取股份制经营，确定 17 个村集体股东，通过合同明确各村资产产权归属，按照出资额比例进行收益分配，同时，长岭镇成立安徽省丰盈产业发展有限公司，明确专人负责产业园的运营管理工作。统筹集中，不仅保证了持续性投入，带来了资产的规模化，更有效避免了扶贫、衔接资金项目“小弱散”，抗风险能力差的弊端。北门坦村曾经是贫困村，每年有 200 万元的扶贫资金，资金有限，发展工业不现实，种植养殖项目便成了主要产业。长岭镇集中统筹之后，村里除了必要补短板的基础设施外，不再自行建设小型经营性项目，目前已累计入股 700 万元。100 万元、200 万元……一个村一个村地攒、一年接着一年地攒，17 个村 5 年攒出了 1.74 亿元、长岭镇投入 1530 万元。产业园内有了越来越多的标准化厂房，越来越完备的基础设施，还有了员工宿舍、健身房。

（三）产业定位是关键

立足传统产棉大县的原料优势，纺纱、织布、生产、销售等链条齐全的产业优势，17 万产业工人的人力资源优势，最终，在多方论证和调查研究之后，长岭镇决定发展服装纺织。很快，实践也证明了这个决定的正确性。

2019年，产业园启动建设，一共建设4栋标准化厂房。边建边招商，当时已经和外地两家企业谈好，一家租赁两栋。但厂房即将建成之时疫情爆发，只有一家企业租赁一栋。镇党委当机立断决定暂时降低产业园入驻门槛，放宽了对企业设备的要求。于是，在外经商多年的长岭镇人周纪和带着他的二手设备入驻了园区。“标准化厂房，无微不至的服务，大到政策支持、用工招工，小到夜间巡逻、卫生保洁，面面俱到。”周纪和成了产业园“代言人”，“以商招商”引来了4家企业入园。如今的周纪和早已淘汰了最初的二手设备、完成了技改，产值从入园时的5000万元，到2023年冲刺1.5亿元。而建园之初那个唯一的招商引资企业——望江硕丰纺织有限公司已经成为园区内投资最大、产值最大的企业。“当时完全是抱着试试看的心态来的，只投了2条生产线。”总经理汪振华说，“现在已经有12条生产线了，产值也从最初的2000万元到现在的8亿元。”

从心存怀疑到信心倍增，转变的背后是长岭镇实实在在的支持。一家一家引入、一年一年壮大，如同小蚂蚁搬家，产业园内陆续“搬”来了18家企业，“搬”出了7家规上企业，长岭镇也“搬”成了中国服装棉纺织制造名镇。

三、经验启示

“小蚂蚁搬家”是长岭镇乡村振兴产业园发展历程的真实写照，其蕴含的精神更是重要支撑。其中包括：继往开来的韧劲，从产业园开工到现在，镇党委、政府主要负责同志多次变动，但无论怎么调整，他们始终执行规划，一任接着一任干。敢想敢干的闯劲，用地受限是普遍问题，扶贫资金、衔接资金支持不是独享政策，“统筹资金、合力建园”在当时何尝没有风险？但长岭镇敢于迈步，一步先赢得的就是步步领先。齐心协力的干劲，想法再好，不干不行，锚定目标，长岭镇上下 17 个村拧成一股绳，全力扶持产业园走向发展正轨。未来，长岭镇的发展之路仍旧漫长，产业规模需进一步扩大，集体土地上市仍待突破，集体收入还有待提升。但积跬步方致千里，在大家的全力以赴中，必定会迈上新的发展台阶。

案例 3　产业升级的典型：纺织服装产业案例

当前，望江县域的服装纺织呈现了分散式和集中式发展并行不悖的格局。望江县分散式纺织服装产业蓬勃发展、遍地开花，长期以来望江当地县委县政府在“筑巢还蜂，引蜂还巢”工作上不断努力。如流水外出务工的农民工，又成规模地返乡创业：从县域角度看，分散式纺织服装产业的广泛分布，提供了大量的就业岗位。大量的劳动主体得以在县域就业，这也培育了许多的产业工人。分散式的“小作坊”富裕了此类从业者，使得人民幸福感有所提高。集中式纺织通过集中建设纺织园区，望江县实现了企业集聚、资源共享和产业链协同发展。这种模式不仅降低了企业的生产成本，提高了生产效率，还有利于推动产业技术创新和绿色发展。集中式纺织业的发展，为望江县经济的高质量发展提供了有力支撑。作为劳动密集型产业，集中式纺织业促进以园区附近为主，同时辐射周边，对于促进居民就业、增加居民收入具有重要意义。同时，纺织业的发展也拉动了相关产业的发展，如物流、商贸等，进一步提升了县域经济的综合实力。

一、分散式纺织服装——蓬勃发展的小作坊

分散式纺织业是指在不同地点或区域进行纺织生产的一种模式。这种模式的纺织生产通常发生在小规模工厂、家庭作坊或者分散的生产基地，而非集中在一个大型工厂内。这种模式可以在农村地区或者城市周边地区找到，通常涉及手工操作或小规模机械设备。分散式纺织业通常会利用当地的劳动力和资源，有时候也会采用传统的纺织技术。这种模式相对于集中式大型工厂来说，具有灵活性高、成本低等特点。

目前，望江县的服装小作坊近 3000 家，主要承接相对复杂但订单量相对较小的订单；小型的供应商通过找同样小的需求方，然后凭借稳定的客户来慢慢壮大规模，形成良性循环。因而，尽管纺织业的主要成长趋势为纺织业的集聚，但与此同时望江县也没有就此放弃分散式纺织的模式。

在望江县，分散式纺织业的存在对于农民收入和经济发展具有着重要的意义。随着制造业的内迁，乡村的农民或可以在农闲时，通过参与分散式纺织业来增加他们的收入。尤其是对于那些身处乡镇的纺织作坊，这种纺织业的模式提供了一种额外的就业机会和收入来源，因而分散式纺织业在当地经济发展和农民收入方面具有着

重要的作用。

除此之外，对于当地居民，分散式纺织的布局也是更符合其生活节奏的：分散式纺织业的模式与当地乡镇小微加工作坊相结合，为返乡农民提供了更灵活的就业选择。这种分布在乡镇的小微加工作坊，更适合返乡农民照顾孩子和老人的需要。家庭妇女可以在早上 8 点前送孩子上学，晚上 6 点后接孩子回家，同时还能在作坊从事纺织等工作。

而如果去开发区务工，即使是驾车，单程也往往需要花费一小时以上——对于纺织工人接送孩子就成了一大难题。因此，分散式纺织业的小微作坊在乡镇分布，不仅能提供就业机会，也满足了返乡农民的实际需求，同时也为当地提供了稳定的劳动力来源。这种模式虽然并不一定符合产出端的规模效应，却形成了劳动供应上的规模效应，对于当地经济和社会结构具有重要意义。

二、集中式纺织服装——以长岭镇为例

望江县长岭镇位于太湖、宿松、望江三县交界处，地处偏远、过去一产结构单一、二产基础薄弱、发展乏力。经济如何振兴？镇村两级展开了一轮又一轮的“头脑风暴”。安庆市望江县长岭镇党委副书记何海明说：“反复大讨论，我们最后决定集中力量，抱团取暖，就探索出‘统筹资金合力建园’的这种小微产业园的模式。”征地、园区建设、配套完善都需要资金，这对于财力并不富余的长岭镇是第二道坎。他们把分散在各个行政村的财政涉农资金集中起来，充分利用城乡建设用地增减挂钩、耕地占补平衡等政策，一年

年地攒用地，一个村一个村地攒资金，全镇 17 个村 5 年攒出了 1.74 亿元，建起了 1000 亩的产业园。

园区有了，发展什么产业呢？安庆市望江县长岭镇党委副书记何海明说："我们望江县是传统的产棉大县，有全国知名的'童装城'的实际需求，产业工人也比较充裕，全县大概有 17 万人，我们党委政府最后决定，还是要依托我们本县的纺织服装主导产业。一家一家引入、一年一年壮大，如同小蚂蚁搬家，产业园内陆续'搬'来了 18 家企业。首批落户的硕丰纺织如今已成为园区内投资最大、产值最大的企业。"

望江硕丰纺织品有限公司总经理汪振华说："刚开始是抱着从上海把企业搬回家，以试一试的态度，从当初的两条线，那个时候年产值都不到 1 亿元，拓展到现在的 12 条生产线，达到年产值是最低都有 6 亿元到 8 亿元的。"

安徽上总纺织有限公司总经理陈修柱说："这里的园区都是标准化厂房，设施配套都非常齐全，可以拎包入驻，（长岭镇）纺织行业的熟练工也比较多，我们来只有三个月就投产了。"

安徽弘盛纺织有限公司总经理周纪和说："很多同行都到我们这边来走访，经过我们这边政府的介绍和我们实际落地的好处，我几个朋友呢也到我们园区来投资了纺织。"

安庆市望江县长岭镇党委书记汪结冰说："集中力量办大事，前后经历了 5 年的时间，坚持一张蓝图绘到底，一任接着一任干。我们就是采取这种方式，蚂蚁搬家，做大做强。"

2022 年，长岭镇工业经济发展态势稳中向好，全年实现财政总收入3306万元；新增“四上”企业8家；规模工业全年实现产值9.6亿元，同比增幅25.2%，超全年目标计划；固定资产投资完成10.1亿元，超年初目标任务；其中工业投资6.24亿元，平均增长24.1%，完成技改投资3.93亿元，占工业投资的63%。

2022年全年，依托乡村振兴产业园，加快产业平台拓展集聚，定位纺织服装产业，提升基础配套等级，加快推进工业集中区四期项目建设。全年新征收土地74.4亩，投入资金4158万元，新建24000平米标准化厂房及800平米小镇客厅项目。截至2022年年底，产业园共征收土地355亩，投入资金1.41亿元，厂房面积73098平米，落户企业13家，聚集效应凸显。

2022年12月5日，中国纺织工业联合会授予长岭镇“中国服装棉纺织制造名镇”荣誉称号。市委书记张祥安多次在公开讲话中指出长岭镇乡村振兴产业园“无中生有”，做法值得在全市推广。

2023年上半年，长岭镇经济运行势头平稳，实现规上工业产值4.16亿元，完成全年目标任务的36%；完成固定资产投资3.29亿元，占全年目标任务的32.3%，其中工业投资2.64亿元；上半年新签约亿元以上项目2个，分别是安徽江瑞纺织有限公司年产1.6万吨棉纱建设项目和安徽长鑫纺织科技有限公司年产1.5万吨织布项目。安徽江瑞纺织有限公司总投资1.2亿元，于2023年3月18日开工投产。安徽长鑫纺织科技有限公司年产1.5万吨织布项目，第一批25台织机已投入生产。2022年度，四期综合体厂房项目已竣工，并引进安徽弘盛纺织有限公司入驻，目前企业车间正在装修，准备投入生产；2023年，乡村振兴综合体五期及配套工程，已封顶。

案例 4　企业带农的典型：安徽联河集团案例

一、背景

安徽联河股份有限公司为农业产业化国家级重点龙头企业，近年来，联河公司在各级党委、政府的坚强领导下，坚持经济效益和社会效益并重，在实现自身跨越式发展、“输好血”的同时，以五大产业扶贫模式因地制宜帮助扶贫对象增强自身“造血”功能。近年来，公司累计与农户签订订单面积达 462 万亩，原粮 300 万吨，仅订单加价部分就为农户增收 2 亿多元，涉及农户、家庭农场、合作社 11.4 万余户，带动周边 10 余个市、县地区农民增收。2022 年，原粮订单面积达 44 万亩。攻坚战打响以来，联河公司创新推出“联河扶贫”五大模式，先后帮扶 10254 户建档立卡贫困户，26 个贫困村，直接打卡资金 4553 万元。公司董事长甘启斌荣获“全国脱贫攻坚奖奉献奖”表彰。

二、主要做法

（一）“公司＋农户＋农技”的绿色稻米产业扶贫模式

以乡镇为单位，同建档立卡贫困户签订正式的稻谷订单合同，引导农民种植优质稻米，采取统一品种、统一农技指导、统一运输、统一收购储存，并且在市场价格的基础上，统一按 20 元 / 百公斤加价收购。截至 2018 年年底，公司与建档立卡贫困户签订绿色稻米产业扶贫订单 5076 万户，面积 6.54 万亩，直接为贫困户增收 920 万元。

（二）“一自三合分红”的金融扶贫模式

采用户贷社管合作模式，按照自愿的原则，由合作社承担资金风险，贫困户、合作社、金融部门、扶贫办签订四方协议，建档立卡贫困户以小额信贷资金入股合作社，贫困户成为合作社股东，参与项目收益分红，每户每年定期按照年息 6% 分红（利）。截止 2020 年底，带资入股公司的建档立卡贫困户 2494 户，累计发放建档立卡贫困户分红资金 1369 万元。

（三）“扩大就业”的就业扶贫模式

公司除继续吸收贫困户到公司稳定就业外，每年 9 月至 12 月，聘请贫困户中有劳动能力及有就业愿望者到联河粮食产后服务中心工作，参与农忙及收购季节的原粮收购、烘干活动，公司与务工的贫困户签订季节性用工协议。截至 2019 年 10 月，累计入职贫困户 482 人，为贫困户增收 423 万元，人均季节性用工增加收入近万元。

（四）贴牌销售电商扶贫模式

公司利用成熟的电商平台、商超渠道，帮助贫困村、贫困户特色农产品进行网上、商超销售。目前免费帮助销售农产品品种 6 个，直接或间接带动贫困户 1211 户，全年增加销售收入总计约 240 万元。

（五）“1+×”村企对接帮扶扶贫模式

帮助帮扶贫困村发展村上产业，实现帮扶由“输血”向“造血”转变。公司结合全国万企帮万村精准扶贫行动部署，已对全县 8 个深度贫困村、23 个非贫困村每年每个村安排资助 2 万—10 万元不等的启动资金发展村级产业经济，并综合运用信息资源、订单收购、电商销售、加工指导等方式帮助帮扶贫困村提高发展集体经济适应性，助力帮扶贫困村2020年如期实现村出列、户脱贫。

三、经验启示

（一）发力供给端 订单种植助“扶贫”

为了保证原粮品质，联河公司把种植基地当作第一生产车间，从订单农业入手，增加绿色优质稻米供给。公司先后与农户签订符合好粮油标准的粮食订单面积达31.2万亩，收购原粮16.8万吨，仅订单加价部分就为农户增收1776万元，带动了望江县、周边六安市县及江西、湖北等省10余个市县的农民增收。以联河公司为核心的安徽望江一心为农绿色稻米联合体会员达492家，粮食种植面积23.6万亩。通过订单和基地建设，该公司符合“中国好粮油”系列标准的优质稻谷种植面积占比78%，带动周边县市优质稻谷种植面积达62%。多年来，联河公司累计与农户签订订单面积达416万亩、原粮248.9万吨，仅订单加价部分就为农户增收1.864亿元。

（二）建设四支队伍 筑牢战斗堡垒

联河公司党支部坚持“围绕发展抓党建，抓好党建促发展”思路，先后成立了“安全生产督查队、售粮服务队、营销先锋队、扶贫工作队”4支党员先锋队，引导党员亮身份、比贡献，当先锋、做模范，做到“重要岗位有党员、困难面前有党员、突击攻关有党员”。

案例 5 和美乡村的典型：太慈镇桃岭村案例

习近平总书记曾指出，乡村振兴战略与城乡融合发展互为支撑、互相推动，要推动乡村建设，加快农业农村现代化，就必须走城乡融合发展之路。同样地，要想推动城乡融合发展，就必须重视乡村的发展，认真贯彻落实乡村振兴战略。近年来，太慈镇桃岭村党总支部坚持组织引领，将自身优势与政策机遇转化为桃岭村的巨大发展空间，按照乡村振兴战略的总要求，将曾经落后的贫困小村打造成了安徽省和美乡村的典范。

太慈镇桃岭村位于望江县城郊，全村共有 21 个自然村，38 个村民小组。2012 年以前，由于自身家底薄弱、集体经济增收困难、基础设施建设落后，使得桃岭村存在发展困难的问题，如何改变村庄贫瘠的现状便成为桃岭村党总支所面临的巨大挑战。

为了有效扭转桃岭村贫穷落后的面貌，2013 年美丽乡村建设以来，村党总支部带领全村干部群众积极建设桃岭村，在完善水利、道路等基础设施的基础上，探索村产致富道路，并逐渐发展出林果茶、优质水稻种植和乡村旅游三大产业，积极打造特色的“文旅+康养”经济融合发展模式，走出了一条有桃岭特色的强村富民道路。然而，经济发展水平提高，村民实现增收致富并不是桃岭村建设的唯一方向，为改善桃岭村风貌，让村民们精神富裕，村党总支部注重“富口袋”的同时还注重“富脑袋”，不断加强村规民约的建设，提升村风民风，使得尊老爱幼、邻里和谐等文明风尚在桃岭村蔚然成风。十年磨一剑，霜刃绩斐然。如今的桃岭村，已经从一个落后贫穷的小山村变成了基础设施完备、村民生活富裕、乡风淳朴文明的和美桃源，为其他乡村蓄力发展、实现乡村振兴提供了可参考经验。

一、强基固本，村貌“焕发”

要想大力发展经济，改善桃岭村村民的生活水平，首先要营造良好的发展环境，完善村居基础设施。2013 年美丽乡村建设伊始，时任村党总支书记的余正才便嗅到了一丝发展气息，决心抢抓机遇，带领村民打一场轰轰烈烈的“翻身仗”。为将想法落在实处，余正才一边带着两委一班人先后到县内外的先进村“取经问道”，一边发动屋场老党员、老干部等基层细胞提前介入，宣传造势，达成共识。2014 年，詹家大屋作为太慈镇美丽乡村建设的第一个试点屋场，以高标准和高规格的建设质量顺利通过了省级的验收，并且被评为“安徽省美丽乡村建设的示范点”，成了全镇乃至全县推动美丽乡村建设的一面鲜艳的旗帜。

2019 年，省市县全力推进农村人居环境治理工作，桃岭村抓住这一次环境整治机遇，采取“四小四大”治理模式，推动 11 个村民组全面改造。

小公约，大智慧。制定村规民约一直以来都是桃岭村推动基层治理的法宝。为配合乡村建设目标的更迭，桃岭村村规民约的内容也在不断优化。2019 年 6 月，桃岭村将村规民约简化为十条，全文不足 300 字，却涵盖了桃岭村社会秩序、公共道德、村风民俗、环境治理等方方面面，成为桃岭村引导、约束和规范群众言行举止的有效手段，更成为促进其实现基础设施完善、经济建设的基础。

小细胞，大作用。要想有效推进农村人居环境的治理工作，基层组织在其中发挥着重要作用。而桃岭村的人居环境整治工作正是在屋场理事会的带领下得以落实。屋场理事会会长杨发球讲道：“农村人居环境整治最大的受益者是老百姓，理事会组织好、服务好、发动好义不容辞，要不讲条件、不遗余力、不折不扣地落实好党委政府的要求。”正是在桃岭村基层组织骨干的带领下，村庄的各项整治任务基本完成，干净整齐的人居环境也使得桃岭村村民的幸福度不断提升。

小课堂，大讲堂。乡村振兴大讲堂是太慈镇探索创新的宣传新载体，通过分期分阶段聚焦乡村振兴各项工作重点，加强政策宣传，增强群众为农村发展献计出力、奋斗奉献的责任感和自觉性，真正让群众成为乡村振兴的主体。群众的事情群众办，上下联动一起干，才能事半功倍。2019 年，村居环境整治工作开展以来，桃岭村“两委”干部多次到各片各屋场举办乡村振兴大讲堂。为激发群众参与意识，桃岭村还制定了“门前三包、门内达标”责任牌，每家每户都张榜公示，并通过开展“卫生清洁户”“四净两规范”示范户评选活动，在全村形成互看互比、争先创优的良好氛围。

小村庄，大变样。自 2013 年以来，桃岭村的基础设施建设和公共服务体系不断完善，多年打下的基础使得桃岭村顺利推进美丽乡村全域建设，目前已累计建成省级中心村 2 个，县级中心村 2 个，县级整治点 17 个，先后投入 6000 余万元，其中群众自筹资金达 800 万元，成为全县首个美丽乡村建设整村推进村。

如今，在村“两委”的组织引领下，桃岭村早已实现了全村环境治理“质”的转变，桃岭变成了桃源，群众对村居的满意程度也不断提升。

二、三产融合，村民致富

（一）发展特色产业，实现村民增收

村居环境改善后，村民的生活满意度明显提升，但要想真正实现村强民富，建设和美乡村，桃岭村就必须重视经济基础，提升村级经济，扶持和扩大特色产业经济规模。理清思路说干就干，近年来，桃岭村村“两委”围绕“产业兴百业兴”的思路，结合自身得天独厚的丘陵自然生态环境优势，一方面联系本村在外打工的能人巧匠回乡承包租赁经营，培育一批种植大户；另一方面鼓励缺少人手的农户将土地流转给大户承包，倡导开展养殖，将荒山荒坡开辟为茶园、果园、菜园。目前，全村流转土地 2000 多亩，种植木本油料 500 亩，茶叶 600 亩和优质水稻 1100 亩，红叶冬桃 200 亩。其中，桃岭村种植茶叶的年产值达 1500 万元，带动 100 余人就业，人均年收入为 3 万余元；冬桃的年产量则达 30 万斤，每亩收入 2 万余元。

除了发展茶叶种植、果树种植外，桃岭村还积极培育生态鸡养殖，通过“公司 + 农户”的模式大规模养殖，这种养殖模式风险小，具有稳定性。公司统一负责调配，包括鸡苗的选择、打疫苗、喂养饲料、出售等一系列养殖过程。当鸡出笼后，养殖过程中产生的鸡粪便放在稻壳里长时间发酵，最后发酵成有机化肥用于有机蔬

菜的种植。养殖户把鸡粪出售给相关企业，最大化养殖效益，在提高收入的同时也保护了环境。截至2022年，村内共有11户养殖户，带动30余人就业，人均年收入达4万元。不仅如此，全村还共同办起了油坊、自来水厂、雨杏食品厂、服装厂，建起了100千瓦光伏电站，不断壮大一、二特色产业，带动桃岭村百姓致富。

（二）打造“文旅＋康养”融合发展模式，提升产业发展水平

文化体育产业的发展是乡村振兴的关键，为大力实施乡村振兴战略，太慈镇桃岭村以美丽乡村建设为抓手，于2021年前后开始全力打造“现代农业产业园＋田园综合体＋特色乡村”三元融合发展模式，将文旅与康养结合起来，实现桃岭村产业发展水平的提升。目前，桃岭村以举办油菜花节为契机，不断扩大桃岭村对外吸引力和影响力，既办出了名气，也拉动了经济，并引来了更多的投资创业者。村里还顺势而上办起了果茶采摘园、建起垂钓中心，并修建了1个旅游中心、1个全民健身中心、1个社会足球场、1个农耕文化展示厅、23个乡村文化广场及村民活动中心、8个2A级和3A级旅游公厕，以及25个社会停车场，在完善基础设施的基础上以“公司＋农户”的方式建起花海体验民宿服务中心，让更多的城里人来乡下度周末、吃农家菜、体味农耕文化，更好地实现用“农文旅”融合发展模式带动村民增收致富。

如今，桃岭村通过产业发展，外出务工、劳务输出、就近就业等多途径让更多的富余劳力有了出路、有了收入，村级经济也水涨船高，村民的生活水平发生了翻天覆地的变化。

二、倡树新风，村风向好

如果说物质富有是乡村振兴的基础，那么精神富有便是乡村实现振兴的根本。多年来，桃岭村党总支始终坚持以党建为引领，以美丽乡村建设为抓手，以文化惠民为依托，大兴文明新风，助推乡村振兴。

为更好地传承和发展乡村优秀传统文化，桃岭村村“两委”大力倡导村民发展特色文化，创新村民娱乐方式，积极引导村民参与乡村特色活动。2018 年和 2019 年桃岭村举办了望江县油菜花节开幕式，2021 年举办了全网直播的安徽省乡村春晚。据统计，桃岭村平均每年都有十多场文化演出活动开展，这充分调动了村民公共文化活动的积极性，更好地满足人民群众对美好生活的向往。

此外，桃岭村还充分发挥“五老乡贤”的榜样带动作用，充分挖掘、弘扬当地的慈孝历史文化底蕴。不仅如此，桃岭村还将孝文化与当地扶老助老的活动相结合，创建桃岭村居老年学校和老年食堂，关怀老年群体。不仅如此，桃岭村以乡规民约为准则，倡导成立了“五老理事会”“红白喜事理事会”，倡导婚丧嫁娶移风易俗，抵制大操大办盲目攀比。为了使乡村精神文明之风吹遍桃花岭的村村户户、角角落落，桃岭村还建设了“信用超市”，积极探索“信用 + 社会治理 + 积分超市”模式，以“德信”为主题，以积分为抓手，不断提升村民参与乡村治理的积极性，激活基层治理细胞，凝聚基层治理能力。

经过村“两委”多年不懈的探索，如今的桃岭春有花、夏有谷、秋有果、冬有绿，村民的生活条件和精神面貌发生了巨大变化，桃岭村也已然从美丽乡村变成了和美乡村，为望江县推动乡村振兴，继而实现城乡融合发展提供了典范。在未来，桃岭村仍然会坚持以上发展模式，不断探索创新，并在《望江县太慈镇慈湖村、桃岭村村庄规划（2023—2035 年）》[1] 战略的指引下，优化村庄布局，向着成为皖西南知名生态旅游度假胜地的目标不断前进。至此，桃岭早已成为桃源，人们也终将在桃岭深处觅得安宁和乐。

案例 6　治理有效的典型：鸦滩镇望马楼村案例

望马楼村位于鸦滩镇东北约 0.5 公里，南滨武昌湖畔，西北与怀宁县接壤，济广高速穿境而过。现有 17 个村民组、50 个生产小组，全村 1687 户，总人口 7225 人。建档立卡贫困人口 388 户，1506 人。村党总支下设 3 个支部 16 个党小组，全村党员 234 人，村“两委”成员 9 人，后备干部 2 名。曾经，望马楼村由原来的郭塘村、双桥村、栏合村、胜利村和凤山村五村合并，当时村级负债近百万元，村级集体经济处于空白，基层组织软弱涣散。为改变这一局面，望江县提出了“围绕发展抓党建，抓好党建促发展”的工作思路，望马楼村党总支以争创“五个好”党组织为总目标，自觉向上级党委看齐，团结一致，大胆探索，党建工作有声有色，经济发展有形有势，在新常态下走出了一条农村治理的新路子。

---

① 望江县人民政府官网。

一、背景

党的十九大作出实施乡村振兴战略的重大部署，其中实现乡村有效治理是乡村振兴的重要内容。2019 年，中共中央办公厅、国务院办公厅引发《关于加强和改进乡村治理的指导意见》，提出“坚持和加强党对乡村治理的集中统一领导，坚持把夯实基层基础作为固本之策，坚持把治理体系和治理能力建设作为主攻方向”，为新时代加强和改进乡村治理、夯实乡村振兴的基层基础明确了目标和路径。在此基础上，望江县充分发挥各级党组织的政治功能和组织优势，积极探索搭建县、镇、村三级联动的党组织体系，形成了乡村振兴由下到上的组织动员和由上到下的有力支撑保障。鸦滩镇望马楼村着力提升了村庄治理效能，为村庄产业发展打下了坚实基础。2022 年，村集体经营性收入达 72.16 万元，2023 年 1—10 月已有 91.69 万元，主要来源于村集体企业油厂、油茶合作社、挑花合作社、油茶基地、茶叶基地、服装加工、光伏发电、扶贫车间等。该村先后被评定为全国文明村、安徽省森林村庄、安徽省民主法治示范村、安徽省现代林业示范区、安庆市先进基层党组织等。

二、主要做法及成效

（一）“搭架子”，明确党的组织体系和工作职责

望马楼村以基层党组织为中心，建立起了科学、顺畅、高效、严密的组织体系，定期召开村“两委”班子组织生活会，深入开展批评与自我批评，把党的建设落到实处。每次召开党员大会，先召

开村“两委”“三委”成员和党小组长预备会议，将村级工作细化落实到“两委”9名村干、“三委”成员和16个党小组长，明确各自工作职责和时序进度，为全村党员齐心协力、共同做好乡村治理工作提供了坚实的组织基础。

（二）“挑篮子”，发挥党员先锋模范作用

望马楼村健全基层治理党的领导体制，把基层党组织建设成为领导基层治理的坚强战斗堡垒，充分发挥基层党员的先锋模范作用。该村提出“双向承诺”的工作方法，充分接受群众监督，调动党员参与创先争优的积极性。每年，村党总支向镇党委、向全体村民公开承诺，明确当年的工作。如，2018年就党员高质量服务发展公开承诺“产业发展、村民增收、村庄整治”3件大事。根据党员个人特长，共创建政策法规宣传、致富示范、扶贫解困、应急排险、精神文明创建、村务工作议政和入党积极分子培养、党群说事等党员先锋岗13个，双培双带基地2个。结合党员实际情况，要求有条件的党员每年带头联系3—5名贫困户，并公开向党总支做出带领贫困户脱贫的承诺。通过承诺，让老百姓深切体会到我们党是全心全意为人民服务的，党始终在人民群众身边。

（三）“磨镜子”，汇聚乡村先进力量

望马楼村积极锤炼党员干部，不断加强党员干部思想政治教育和政策理论学习。在人员培训上，每年春季举办村党训班，将培训范围扩大到村民小组长、理事会长，着力提高党员干部综合素质。在设施建设上，2014年对旧村部进行升级改造，设立了警务、维稳、矛盾调解、计生服务、档案管理、党群活动等10余个专项办公场所。2015年兴建村民文体活动广场，2017年兴建村民文化人舞台和党建文化长廊，完善村民文化乐园、党群活动室，村级组织阵地功能得到更大发挥。在事项处理上，高标准建设便民服务中心，实行代办员、一次性告知、限时办结、首问负责和督查等相关服务制度，并在大厅公示告知，认真做好来中心办事登记和记录工作，做到公开透明，定人、定岗、定责，确保中心规范有序开展工作村庄为民办理的大事小事都得到了妥善的处理，无一重大事故和恶性事件发生，维护了全村的和谐稳定发展。

（四）"立尺子"，规范自治运行机制

望马楼村推行"'三委'议事"工作机制。组织16名村让贤老村干、离退休老同志、党员代表、村民代表，成立了村务监督委员会、老龄关工委员会、重点工作协调委员会。充分发挥村"三委"人员对村级工作的协助监督职能，全程参与村级各项工作。不定期组织村"两委"成员与"三委"成员座谈，耐心地听取工作意见建议，及时反馈落实情况。党群说事。每周一在村便民服务中心党群议事厅安排4名代表（一名村"两委"成员、一名村务监督委成员、一名党员代表和一名群众代表），一起接待来访群众，听群众说事议事，解群众难事急事。组账村管。率先在全县实行"组账村管"，对全村17个村民组的集体资金、资产、资源由村委会统一建账监管，有效解决了部分村民组十几年来算不清的糊涂账和历史遗留问题，还干部一个清白，给群众一个明白，赢得了全村党员群众的信任和拥护。

（五）“给面子”，强化精神激励和物质保障

良好的组织建设为村庄经济发展打下了基础，经济发展又为村级党组织的建设提供了物质保障。截至目前，望马楼村共种植油茶3500余亩，套种油牡丹300亩。2018年，以望马楼生态农业发展有限公司和利丰油茶种植专业合作社为经营主体，推进农村“三变”改革工作。油茶成为村集体增收、村民致富的支柱产业，仅2017年就为村集体增收30万元。积极开展产业扶贫，吸纳贫困户进油茶合作社，代种代管代收代销，鼓励流动党员回乡创业或带领贫困户外出务工，累计带动贫困户210户，发展油茶种植348.33亩，促进贫困户增收12.69万元，充分巩固了党的执政基础，提升了农户参与村庄建设的积极性。

三、经验启示

（一）坚持党建引领是核心

望马楼村始终坚持党的领导，注重发挥好党组织的战斗堡垒作用和村书记的“领头雁”作用，构建了党组织引领下的村庄治理模式，形成了“小事不出组、大事不出村，矛盾不上交”的基层治理良好局面，推动党群干群关系更加密切，对于巩固基层政权具有十分积极的作用。

（二）发展村庄集体经济是重点

望马楼村注重持续创新发展，着力完善村庄集体经济发展机制，不断创新村庄集体经济发展方式，在推动特色产业发展壮大、加快产业扶贫向产业兴旺转变的同时，狠抓人居环境整治和乡村规

划谋划，加大对改水改厕和人居环境整治资金的投入。立足油茶产业发展优势的同时，同步发展生态文化旅游农林产业等第三产业。紧紧抓住“望马楼”古迹遗址的历史传说，加大村级文化遗产遗迹保护力度，保留乡村特色风貌，推进农耕文化体验园建设，逐步打造望江农耕文化、农业成就展示基地，树立望江乡村旅游的新亮点与新品牌。村级集体经济的发展进一步增加了农民收入，改善了农民生活，使全村的老百姓更有获得感、幸福感。

（三）抓好体系机制建设是保障

在望马楼村发展村庄集体经济、完善乡村治理的过程中，该村不断总结工作方法，创新管理体制，为基层党员群众政治参与提供合理的路径，鼓励并且保障基层党员、群众的参与意识、参与权利、监督权利，使他们的合理性利益诉求、意见建议有畅通的表达渠道，从而不断提高各个利益主体主动参与的意愿，全面激发基层社会治理的活力。

案例 7　产业融合的典型：油菜花产业案例

产业兴旺作为实现乡村振兴的基础，围绕农村一、二、三产业融合发展，构建乡村产业体系成为必然要求。习近平总书记指出，产业兴旺是解决农村一切问题的前提，要推动乡村产业振兴，紧紧围绕发展现代农业，围绕农村一、二、三产业融合发展，构建乡村产业体系。近年来，望江县以农业为中心的产业融合发展取得较大发展，阐释望江县在农业产业链、农业功能和科技渗透等方面的产业融合发展进程。

一、产业链条延伸：融合发展增效益

农业产业链延伸是在农业生产的基础上与二次产业农产品加工业，以及三次产业中的物流、仓储、销售业相结合，形成农村生产、加工、运输、仓储、销售的融合机制，是农村一、二、三产业外部融合的方式。以油菜产业为例，望江县已经形成集油菜种植、加工和销售为一体的全产业链模式。

在油菜种植方面。一是扩大油菜种植面积。望江县积极、全面落实中央及安徽省关于扩大油菜生产的决策部署和省市“两强一增”行动计划，出台一系列扩种、改种油菜的政策，主要涉及以下四个方面：出台冬闲田扩种油菜支持政策，提高冬闲田的利用效率；出台规模种植支持政策，针对 10 亩以上油菜种植户进行补助；出台油菜单一品种支持政策，对 100 亩以上种植单一油菜品种进行补助；出台油菜价格指数保险政策。截至 2022 年，望江县油菜种植面积达 50.3 万亩，总产 8 万余吨，产值 4.96 亿元。与此同时，望江县油菜亩产也居全省前列，2022 年 5 月，来自安徽省安庆市的相关专家对望江县漳湖镇大湾村参加油菜高产竞赛的田块进行了验收，实收产量为 278 千克 / 亩，居全省第二位。油菜面积增加也有助于增加农户收入，赛口镇村民曹中来承包土地 600 亩，2020 年只种了 200 亩油菜，大部分地块都只种一季水稻，秋收之后成为季节性撂荒的冬闲田。在政策鼓励下，2021 年秋季，曹中来将冬闲田全部种植油菜，2022 年收获产量达 175 千克 / 亩，较 2021 年产量增加 15 千克 / 亩，加上政策补贴 150 元 / 亩，冬闲田扩种油菜一项增加收入约 24 万元。

二是推动“两用”油菜的种植工作。油菜“菜油两用”，是指选择口感好、营养价值高的甘蓝型“薹油两用”高产优质油菜品种，采用全程机械化绿色早发栽培技术，在春节前后摘取油菜的主茎菜薹作为应时蔬菜或脱水蔬菜供食用，通过重施薹肥促进下部休眠芽萌发形成下位分枝，依靠分枝结角再收获菜籽，确保油菜在不减产的情况下增加一季油菜薹收入，实现油菜“一种两收”。望江县引进菜油两用品种，开展菜油两用油菜方面的试验示范研究，集成菜油两用油菜生产技术模式，积极发展菜油两用油菜生产。在望江县，油菜“菜油两用”推广面积不断扩大，2018 年至 2022 年 5 年时间，望江县“菜油两用”推广面积便由 2018 年的 50 亩增长至 2022 年的 20000 亩，增长 500 倍（见表 1）。新品种的推广也带动农户收入增收，望江县在蔬菜产业重点村杨湾镇丰乐村整村推进，种植菜油两用油菜面积达 133.33 公顷。基地除种植菜油两用油菜外，还示范种植了杂交油菜薹新品种硒滋圆 1 号和硒滋圆 2 号，春季油菜抽薹期采摘了 3 次菜薹，产量累计超过 22.5 吨 / 公顷，收益达 6.75 万元 / 公顷；机收菜籽 2610 千克 / 公顷，收益 15660 元 / 公顷。

表 1　2010—2021 年望江县“菜油两用”推广面积

年份	2018	2019	2020	2021	2022
推广面积（亩）	50	600	2500	5000	20000

在油菜初加工、深加工方面，望江县党委、政府鼓励支持家庭农场、农民合作组织和中小微企业发展初加工。如 2023 年，漳湖镇中洲村在政策鼓励下成立中洲情菜籽油加工厂，可以完成菜籽的风干、炒制、沉淀、过滤、出油等工序，年产油量可达 4 万斤。该公司采取“企业 + 农户”的合作模式，预计年收购 10 万斤菜籽，带动周边 200 户农户的菜籽销售。截至 2022 年 11 月，已经带动村集体增收 5 万元。同时，引导龙头企业引进油脂加工设备，发展精深加工，开发高端产品。2019 年，望江从中国油料研究所引进 7D 功能型菜籽油产地加工技术装备，建立了安徽省首家 7D 功能型菜籽油加工厂——安徽中望农业科技发展有限公司。日产 7D 功能型菜籽油 5 吨，实现了加工工艺标准化、设备成套化、生产控制自动化。经过对油菜的初加工、深加工，延长了油菜产业链，拉长了市场供应周期，为发展油菜提供了广阔的市场空间。在产品销售方面，望江县不断开拓线下、线上市场。除实施编制特色农产品宣传册、召开农特产品推介发布会、积极开展订单销售等行动以外，望江县探索利用抖音、快手等媒体平台进行直播带货活动。如，高士镇武昌村村委会聘请返乡创业青年王祝海担任武昌村“名誉村长”，签订合作协议，创建“村长三人行”短视频号。视频的素材由武昌村提供，王祝海及其团队根据素材进行创作，主要服务于家乡宣传和农产品销售。截至 2023 年年初，“村长三人行”的全媒体粉丝量超过 105 万人。

望江县油菜产业的发展也带动养蜂业的发展。油菜花基部有蜜腺，分泌的蜜汁可供蜜蜂采集，一株油菜能开上千朵花，花期可持续 1 个月，因而油菜是一种良好的蜜源作物。在油菜开花季节，蜂农在油菜田放蜂，既能收集油菜花蜜，又能有效提高单株有效角果数和角粒数，促进油菜增产。蜂农将油菜花蜜、花粉直接卖给旅游者或者销往商场、超市，既可增加收入，又可促进农民在家门口就业，减少乡村留守儿童与留守老人。望江县推广油菜蜜蜂授粉与病虫害绿色防控配套技术模式，发展养蜂专业合作社 3 家、养蜂约 1.3 万箱，年生产蜂蜜 600 吨以上。

二、农业功能拓展：油菜花海引游人

改革开放以来，伴随着人民生活水平的迅速提高，消费者对供给的质量要求不断提高，越来越多的消费者向往人与自然和谐相处的状态，农业旅游借势快速发展。现代农业旅游的概念开始出现，它将传统和现代的农业生产、农业生活和文化、农村生态环境有机地结合为一体。其基本形式是以农业生产为基础，利用农业自然环境、农村人文环境和资源进行科学规划设计，形成集科研、科普、生产、加工、销售、观光、品尝、娱乐、度假为一体的综合性的观光休闲活动，并以此来带动周边地区发展的现代农业转型模式。现代旅游农业的内涵主要包括三个方面：农业生产与旅游活动的有机结合，农业产品和旅游产品的完美统一，现代农业要素与生态旅游要素的耦合协调。

望江县利用农业的绿色资源环境优势，将农业与第三产业的旅游、服务等行业结合，发展农村文化建设，利用新型农业文化发展的需求，拓展出享受、度假、旅游、娱乐一体化的农业服务体系，提高农业发展空间。望江县积极打造“菜花经济”，“以花为媒”“以戏会友”，连续举办多届油菜花赏游活动。2021 年，望江县委县政府结合城乡环境整治、美丽乡村建设，举办了第五届油菜花系列赏游活动，其中包括黄梅戏展演、花海赛道、特色美食、图片展、服装表演、风筝表演等活动，精选漳湖镇回民村“圩上花田”小镇等 10 个各具特色的油菜花自然景观，吸引全国各地游客 20 余万人次，实现旅游综合收入 2 亿元。望江县用“景观”经营农业，以旅游理念打造花海，突出抓好旅游景区以及沿线油菜花景观区图案设计与制作，打造较多具有鲜明地方特色的油菜花赏游点，并以此为依托，赋予油菜生产体验、田园风光以旅游功能。与此同时，望江县结合中小学学生特点、学校课程，将本地特色产业、历史文化、红色旅游等植入研学课程，探索具有大别山革命老区特色的研学旅行发展路径，在漳湖镇回民村、杨湾镇曾墩村、雷池湿地小镇等地建设研学旅行基地，开设特色研学课程，打造本土特色的研学旅行品牌。如，漳湖镇回民村研学基地年接待 10 万余人次，相关收入超 200 万元，邀请合肥工业大学和安徽大学等专家团队，帮助挖掘红色资源，积极推动红色研学基地（回民村村史馆）建设，讲好渡江战役中的民族团结故事。

专栏故事：雷池湿地小镇

雷池湿地小镇为安徽省 AAAA 级旅游景区，位于望江县高士镇南 4 公里的武昌湖畔，拥有武昌湖、湿地景观、珍稀鹤鸟、名优特产、纯美田园、古雷池文化、历史古迹等特色资源，以生态为根基、以文化为灵魂，紧紧围绕“神奇湿地，悠古雷池”的核心概念，包括文化长廊、美食餐饮、庭院景观、生态田园、休闲游乐和观光旅游度假等40余种游乐项目。2021年，望江县武昌湖雷池湿地度假小镇被安庆市教体局认定为中小学生研学实践教育基地。近年来，雷池湿地小镇还依托金融、劳动就业、电商小铺、免租扶贫一条街产业新型主体，带动共享脱贫村集体收入增加和脱贫户加速脱贫，充分发挥党支部脱贫攻坚主体作用，瞄准扶贫对象，实行真帮实扶，带动多名脱贫户就业创业。

产业融合发展对望江县经济的促进作用主要表现为以下几点。首先，农产品的生产规模不断扩大，产量不断提高，但由于信息不畅、市场有限，产生了农产品滞销的情况，产业融合在一定程度上消除了信息不对称。城市的旅游人员进入农村，不但能带来城市最需要产品的信息，在采购新鲜农产品的同时，了解农产品是如何生产和加工出来的，并将各种农业信息带回城市。其次，由于农产品的生产过程和产出产品都将成为旅游农业的关键产品，农产品品质的开发和质量监控的提升将成为重中之重，只有高质量的农产品生产，才会产生高质量的农业旅游体验。最后，开发基于现代农业生产的生态旅游产品，将观光学习、餐饮、休闲娱乐、农业采摘、农业种植功能集于一身，形成以现代农业生产过程、农村风貌、农民劳动生活为主要内容的新型的农业生态旅游产品，以达到整合旅游资源、丰富旅游产品、增加旅游供给、形成产业特色和优势的目的。油菜花美了乡村、富了农民，油菜花海经济成为农民增收致富的聚宝盆，拉动了农村经济发展，实现了经济效益与社会效益的双赢，推进了农旅深度融合。

三、现代科技渗透：科技赋能提效率

科技渗透的农村产业融合发展的模式首先是将互联网、物联网以及大数据等先进科技手段与各个产业相结合，各产业之间技术要素开始融合，在这个过程中科技手段先慢慢转化为产业内部升级的动力。

一是引进先进品种和改进加工工艺。引进先进品种方面。2021年，长江科研中心种植“菜油两用”油菜 100 亩，采用直播方式，选用生育期早、易攻早发、生长势强、整齐度好、抗病能力强、再生能力强的双低油菜“中油杂 19”品种。油菜“菜油两用”促进了油菜多功能利用和价值拓展，带动农民增收，应用前景十分广阔。采用“菜油两用”模式，两次采摘可获得菜薹约 600 千克 / 亩，市场价格在 4 元 / 千克，亩收入约 2400 元；可收获菜籽约 174 千克 / 亩，市场价格在 6 元 / 千克，亩收入约 1044 元。菜薹 + 菜籽，每亩收入约 3400 元，纯收入达 2000 元以上，效益可观。改进加工工艺方面。2019 年，望江县从中国农业科学院油料作物研究所引进 7D 功能型菜籽油产地加工技术装备，建设了安徽省首家 7D 功能型菜籽油加工厂，最大程度保留菜籽油所含的甾醇、植物多酚等活性成分，打造高端食用菜籽油品牌，促进油菜产业提质增效。2021 年，望江县在太慈镇新岭村新建一家日产 20 吨 7D 功能型菜籽油的加工企业。在望江县国家现代农业产业园内，还将新建5家7D功能型菜籽油加工企业，到时望江县日产7D功能型菜籽油将达145吨。与此同时，作为全国油菜绿色高质高效行动万亩片示范区，望江县国家现代农业产业园赛口核心区，主推油菜全程机械化、周年稻油轮作、病虫草害绿色防控及测土配方施肥技术。通过机械强农、科技强农，促进油菜产业提质增效，农民增收致富。

二是完善科技服务。首先，为强化科技服务，望江县调配农技专家，实行包保机制，“一村一农技、一田一村干”，只要有需要，24小时村干和农技人员及时到田。从种植到盛花期，望江县农技推广中心组织340余人次，面对全县52万余亩油菜田全方位开展田管。其次，为全面推进冬油菜种植，近年来，安徽望江依托农技推广中心与村委、油菜种田大户进行协作，综合开发形成同一品种，万亩片、千亩方、百亩田战略。以赛口镇为例，现有万亩片、千亩方、百亩田共计6个，形成同品同种、同管同收，到了收割时，赛口镇油料企业全部跟进，及时保障种油有收成、及时得效益。雷池镇则通过建设基地、中心等措施，创新推广农机新技术、新机具的应用，为农业高质量发展添砖加瓦。

专栏故事：雷池镇合成圩农机专业合作社

雷池镇合成圩农机专业合作社周光辉既是大户也是合作社负责人，2016年曾与30多户大户联营成立了合成圩农机专业合作社，主要为社员和周边农户提供农机订单作业、代耕代种、土地托管等农事服务。除了提供农事服务之外，雷池镇农业技术推广站还定期对在田作物进行管理和指导。“我们每周安排技术员定点定位下田，调查农作物病虫害情况，发现病虫害等问题会及时上报到望江县植保站，再统一发布病虫害情报及应对方案。”该镇农业技术推广站站长虞毛华说。目前，望江县现代农业产业园拥有乡镇技术推广服务站6家、水稻社会化服务组织10家，基本形成以政府推广为引导、社会化服务为主体、科研院所为支撑的农技推广服务体系，有效促进科技成果在园区转移转化。

三是引进科研单位。2016年，中棉所长江科研中心在望江县成立，该机构为中国农业科学院棉花研究所与望江县人民政府合作共建科研单位，是中棉所和中国农科院在安徽省的重要科研平台，为长江流域农业科研示范推广提供助力。该中心是集农业科研、示范推广、成果转化、人才培养、职业培训、农业科普于一体的综合性农业平台。中棉所长江科研中心利用望江县国家现代农业产业园科创中心平台，把先进的品种、技术等科研成果及时引入望江。近年来，中棉所依托长江科研中心培育了棉花、油菜等农作物新品种15余个，中棉所长江科研中心在望江开展油菜、棉花等农作物的全产业链技术示范推广工作，累计推广棉花、油菜等农作物新品种、新技术达10万亩。为进一步提高农作物的附加值，该中心引进国内先进的纯物理压榨菜籽油生产线，提高菜籽油品质与价值，注册了“望油香”等品牌，为望江的油料产业发展提供科技支撑。目前，望江县已引进7家省级以上科研单位参与产业园建设，稻油良种覆盖率为99.28%，耕种收综合机械化率为93.35%，园区专业技术人员148人，获批安徽省科技重点项目、创新创业示范基地3个，望江县粮棉油产业科技特派团获评“安庆市标杆团”。

案例8 文化振兴的典型：望江挑花合作社案例

望江县望马楼挑花专业合作社成立于2015年6月10日，公司集采购、供应挑花所需原材料、销售挑花刺绣工艺品于一体，开展挑花技术培训、技术交流和咨询服务。合作社拥有一支专业的挑花生产队伍，专业挑花工人30名，其中市级传承人2名，技术指导2人。直接带动农户20户，带动培训妇女115人次。

一、望江挑花介绍

“望江挑花”是安徽省颇具代表性的民间艺术之一，最早始于唐代，至今已有1000多年的发展历史。它的发源起初来自望江县鸦滩镇，在那个男耕女织时代，老百姓们守着青山绿水过日子，男人们日出而作、日落而息；而天性爱美的村妇们闲暇之余拿些粗布绣花鸟虫鱼，当作头巾装饰自己，日子虽不太富裕，倒也很安逸。就这样，最初的民间挑花应运而生并代代相传。望江挑花于2008年被国务院公布列入国家级非物质文化遗产名录，成为首批国家级非物质文化遗产挑花艺术。目前，在文化和旅游部等部门发布第一批国家传统工艺振兴目录中，“望江挑花”名列全国四大挑花之首。1979年，深处乡野的望江挑花第一次入选人民大会堂。后来，被选送到京城成为人民大会堂的艺术饰品，并多次作为外交礼品赠送国际友人。

二、主要做法及成效

（一）发挥头雁效应，带动产业发展

望江县望马楼挑花专业合作社注重发挥头雁效应，围绕省级非遗传承人帅根元的挑花作品展开，以作品显艺术，辅助展示传承经历、人物故事等建设挑花展馆。望马楼村遵照“保护为主、抢救第一、合理利用、传承发展”的非遗保护工作方针，切实加强“望江挑花”非遗项目的保护传承工作。积极开展挑花作品收集、挑花作品展示、传承人培训、挑花元素文艺作品创作等工作，带动村内贫困、残疾挑花女脱贫致富。加大非遗传承人的培养和管理力度，并与乡村旅游高度结合，注重非遗保护与开发并重，深入挖掘非遗的独特文化内涵，推动非遗与旅游事业发展繁荣。脱贫攻坚以来，随着国家扶贫力度的投入不断加大，望马楼村村民的生产观念也在不断改变，村内主导产业也发生了变化，由传统的种植水稻、油菜、棉花和杂粮，发展为特色农业油茶种植、挑花和农副产品深加工等。望马楼村积极争取国家政策扶持，推进挑花的市场化、产业化，大力提升挑花品牌的知名度。“望江挑花”通过历年来参加各种展览展销和各家公司的活动名气大升，名声大振，引起媒体的高度关注：1988 年 3 月 29 日，《人民日报》（海外版）刊发了《望江民间挑花艺术》；1992 年 9 月 14 日，《旅游导报》在头版头条刊发了《雷池挑花美如画》；1999 年 7 月 14 日，《香港商报》发表题

为《古雷池风纯人拙藏大宝，挑花艺养在深闺人未识》的文章，盛赞望江挑花的精美，同时，《安徽日报》以《为人民大会堂增辉》、《安庆日报》以《嫣然出篱冉冉开》为题进行长篇报导。

现阶段，望马楼村望江挑花专业合作社已完成“帅根元挑花艺术”“望江挑花历史文化”“挑花工坊”三大板块的规划设计建设，完成展示作品的收集、整理达到2000余幅。同时，在另一位省级传承人王世福老师的努力下，编撰出了望江挑花校本材料，系统归纳总结了望江挑花的针织技法，同时在望江县政府的重视下，望江县建成了望江县非遗数据库，对县域内的非遗技术进行数字保存。

（二）培育挑花女工，促进非遗传承

望马楼村以望马楼挑花专业合作社为主体，挑选对挑花事业热爱的留守妇女、残疾妇女成立专业挑花队伍。在扶贫车间二楼建成挑花场馆450平方米，投入资金50余万元。通过集散相结合的方式培育挑花女队伍，农闲时统一在合作社的挑花工坊进行挑花，农忙时在家结合时间安排挑花。开展挑花工艺培训、挑花作品研发、挑花元素文艺作品创作等，聘请非遗传承人进行授课，印发培训资料等。每名挑花女每年能通过挑花产生1万元左右的收入。同时为进一步传承非遗文化，创作社会效益。根据市场需求，发挥经济效益，在现有品种花样500多种的基础上争取达到1000余种。以挑花带动妇女创业和贫困户就业，助力贫困户脱贫致富。培养电商网络销售等技术人才2人，拓宽产品研发与销售渠道，实行网络销售，争取网上销售额占总销售额的一半以上。带动贫困户的利益联结机制，因地制宜选择统一服务、订单帮助，以提高妇女发展非遗产业的能力和水平，引导群众极积参与，促进贫困户增收，逐步壮大合作社发展规模，带领周边农民共同致富。

围绕“望江挑花”非遗的保护传承工作，积极开展挑花作品收集、挑花作品展示、传承人培训、挑花元素文艺作品创作、产品销售等工作，通过市场调研结合市场需求，开发新产品，并对前期的挑花半成品进行装裱、销售，将二十四孝、十二生肖、五星出东方利中国、廉政三字经等上墙。通过设立挑花展馆、挑花工坊，在享有“全国文明村”美誉的前提下打造乡村旅游示范村，年带动旅游人次 2000 人，村集体增收 30 万元。以提高妇女发展非遗产业的能力和水平，引导群众积极参与，促使人人带动，户户参与，带动妇女参与挑花 500 人，其中脱贫妇女 200 人，人均增收 1 万元，促进脱贫户增收，逐步壮大合作社发展规模，夯实村级集体经济。

三、经验启示

（一）发挥头雁效应，以点带面

望马楼挑花专业合作社以省级非遗传承人帅根元的挑花作品为核心，建设挑花展馆，并积极开展非遗保护工作，如收集、展示挑花作品，培训传承人等。同时与乡村旅游结合，注重非遗保护与开发并重。依托省级非遗传承人培育挑花女工，促进非遗技术传承，望马楼村以挑花专业合作社为主体，成立专业挑花队伍，进行挑花工艺培训和研发，提高挑花女的收入，并带动贫困、残疾妇女脱贫致富。同时通过市场调研和开发新产品，提高发展非遗产业的能力和水平。

（二）利用数字技术，创新传承

在促进非物质文化遗产保护和传承过程中，要注重利用现代数字技术对挑花作品进行数字化归档，进行数字化保护，让非遗传承成为“有源之水”。望江县成立的望江非遗数据库，便是从源头上保护非遗文化，让后代能看见文化的魅力。同时，在保持传统挑花技艺的基础上，要不断进行创新和发展，使其适应现代社会的需求和审美观念。通过与现代设计师、艺术家等合作，开发出具有现代感和实用性的刺绣产品，拓展其应用领域和市场空间。通过各种渠道和形式，如非遗文化展览等活动，向公众宣传挑花技艺的知识和技能，提高人们对挑花文化的认识和兴趣。同时，与学校、社区等合作，建立挑花技艺传承教育基地，为培养新一代传承人提供更好的平台和资源。